SERES DE OTRAS DIMENSIONES

Encuentros con Misteriosos Seres y Entidades
que Provienen de otra Dimensión

BERNARD SHELTON

© Copyright 2023 – Bernard Shelton- Todos los derechos reservados.

Este documento está orientado a proporcionar información exacta y confiable con respecto al tema tratado. La publicación se vende con la idea de que el editor no tiene la obligación de prestar servicios oficialmente autorizados o de otro modo calificados. Si es necesario un consejo legal o profesional, se debe consultar con un individuo practicado en la profesión.

- Tomado de una Declaración de Principios que fue aceptada y aprobada por unanimidad por un Comité del Colegio de Abogados de Estados Unidos y un Comité de Editores y Asociaciones.

De ninguna manera es legal reproducir, duplicar o transmitir cualquier parte de este documento en forma electrónica o impresa. La grabación de esta publicación está estrictamente prohibida y no se permite el almacenamiento de este documento a menos que cuente con el permiso por escrito del editor. Todos los derechos reservados.

La información provista en este documento es considerada veraz y coherente, en el sentido de que cualquier responsabilidad, en términos de falta de atención o de otro tipo, por el uso o abuso de cualquier política, proceso o dirección contenida en el mismo, es responsabilidad absoluta y exclusiva del lector receptor. Bajo ninguna circunstancia se responsabilizará legalmente al editor por cualquier reparación, daño o pérdida monetaria como consecuencia de la información contenida en este documento, ya sea directa o indirectamente.

Los autores respectivos poseen todos los derechos de autor que no pertenecen al editor.

La información contenida en este documento se ofrece únicamente con fines informativos, y es universal como tal. La presentación de la información se realiza sin contrato y sin ningún tipo de garantía endosada.

El uso de marcas comerciales en este documento carece de consentimiento, y la publicación de la marca comercial no tiene ni el permiso ni el respaldo del propietario de la misma. Todas las marcas comerciales dentro de este libro se usan solo para fines de aclaración y pertenecen a sus propietarios, quienes no están relacionados con este documento.

Introducción

¿Elaborar un presupuesto te suena casi tan atractivo como estar en la cárcel? Mucha gente asocia los presupuestos con cosas negativas. Después de todo, a nadie le gusta ponerse restricciones al momento de gastar su dinero. La realidad es sin embargo muy distinta, ya que tener un presupuesto o un plan de gastos te puede dar eventualmente gran libertad.

Un presupuesto puede ayudarte a recuperar el control de tus finanzas. Piensa en él como un mapa financiero que te guiará a tu destino, que bien podría ser salir de tus deudas, comprar una casa o ahorrar dinero para poder invertirlo después. También puede tener muchos beneficios positivos para tu vida personal, ya que puede reducir significativamente el estrés y la cantidad de discusiones que tienes con tu pareja o miembros de la familia sobre temas relacionados con el dinero.

Llevar un registro de tus gastos te permitirá identificar fugas en tu presupuesto. Cualquier cosa que puedas medir, también la podrás mejorar. Al entender cuánto cuesta ser tú, podrás hacer ajustes que te ayudarán a dejar de vivir al día.

El objetivo principal de este libro es mostrarte que presupuestar puede ser tan simple y divertido como tú quieras que sea, así como ofrecerte una introducción a conceptos y temas que todo aquél interesado en estirar su dinero y ser financieramente libre debe conocer bien.

Gracias por leer este libro. ¡Espero que disfrutes el viaje!

Índice

Introducción	vii
1. La Biblia	1
2. Los Médiums Y El Islam	19
3. El Hombre Del Misterio	39
4. La Comunicación Con Los Médiums	47
5. Conoce A Los Médiums E.T	65
6. Medios Modernos	77
7. Visionarias: La Sorprendente Historia De Las Médiums Feministas	85
8. "La Carretera De Los Extraterrestres", La Puerta De Entrada A La Misteriosa Área 51 En Nevada	95
9. Los 12	103
10. Mj-12, Proyecto Serpo Y La Iniciativa De Defensa Estratégica	135
Conclusión	157

Introducción

Sondeando las posibilidades

Desde el principio de los tiempos, ha habido historias. transmitido de aquellos que han afirmado poseer algún tipo de visión sobrenatural del mundo espiritual invisible. Y desde el principio, también ha habido quienes optan por creerlas, así como quienes preferirían no hacerlo. Como cuestión de fe, algunos intentaron sondear las profundidades invisibles, mientras que otros prefirieron descartar la posibilidad de que existiera algo más que su realidad cotidiana.

Desde que los estoicos griegos desecharon las supuestas "supersticiones" de su pasado, a favor de abrazar la lógica y la razón, ha habido muchos escépticos en lo que respecta a las afirmaciones de los médiums y clarividentes. Es el lado más racional de nosotros, que desea explicar el mundo en el que vivimos, en términos convenientes y concisos.

En lugar de creer que un espíritu estaba detrás del viento que movía las aguas, la ciencia y la razón nos han demostrado que se trata simplemente de las condiciones atmosféricas de nuestro planeta. Y ciertamente es bueno que hayamos superado las creencias supersticiosas más flagrantes de nuestros antepasados lejanos, quienes atribuían lo sobrenatural a casi todos los sucesos de la vida.

Pero la ciencia, la lógica y la razón no pueden explicarlo todo. Los científicos, por mucho que lo intenten, por ejemplo, todavía no tienen forma de explicar cómo llegamos a existir en primer lugar.

Claro, puedes hablar sobre la evolución y la evolución de la vida a partir de sustancias químicas básicas en la Tierra primordial, y todo eso. Pero esos químicos tenían que venir de algo. Y el antecesor de esos bloques de construcción también tenía que venir de algo. Y a medida que continuamos con esta línea de pensamiento, si retrocedemos lo suficiente en el tiempo, encontramos que no tenemos una explicación racional de cómo llegó a existir el universo.

Introducción

Podemos especular sobre la teoría del llamado "Big Bang" que estipula que hace unos 13 mil millones de años, toda la materia del universo físico se compactó en una molécula densa que repentinamente explotó en el universo. ¡Pero no hay una sola alma que pueda decirte de dónde vino esa molécula! Somos literalmente algo que viene de la nada, y no hay forma racional de explicarlo.

Nuestra propia existencia, por lo tanto, desafía la lógica y, en sí misma, es sobrenatural. Entonces, ahí lo tienen, amigos, si simplemente pensamos y, por lo tanto, somos, ¡entonces quién sabe qué más es posible! Si nuestra propia existencia es tan fundamentalmente extraordinaria, entonces hablar con los muertos, levitar y ver el futuro debería ser un mero juego de niños en comparación.

1

La Biblia

LA BRUJA DE ENDOR ¿Una médium de la Biblia?

A primera vista, uno podría pensar que la Biblia no tiene mucho que decir acerca de los médiums, los clarividentes y los intercesores espirituales, pero en realidad lo hace. De hecho, una de las primeras menciones detalladas de la mediumnidad está documentada en la Santa Biblia. Gira en torno a la historia del primer rey de Israel, el rey Saúl, que busca a una mujer dotada de una segunda vista, conocida como la "Bruja de Endor". Se llama así, porque residía en un pueblo poco conocido de la región del mismo nombre.

. . .

En el momento en que Saúl buscó a este individuo, irónicamente había prohibido todas las formas de "nigromancia" y "brujería" de su reino.

Sin embargo, Saúl, que estaba luchando con un enemigo insurgente, los filisteos, los antiguos antagonistas de Israel, estaba desesperado por recibir consejo. En tiempos de angustia, el rey Saúl se había dirigido previamente a su antiguo mentor, el profeta Samuel. Pero Samuel ya había fallecido. Sin embargo, Saúl estaba tan desesperado por el consejo del difunto Samuel que estaba dispuesto a buscar un médium e intentar ponerse en contacto con el profeta muerto.

Entonces, aunque había prohibido la práctica de la mediumnidad en su reino, Saúl estaba tratando de participar en lo mismo que había prohibido. Sin embargo, no podía aparecer con su túnica real a plena luz del día, para proclamar su sorprendente hipocresía, por lo que fue en secreto. Las Escrituras nos dicen que se disfrazó y visitó a la Bruja de Endor como un extraño desconocido. Se presentó como otro cliente al azar que buscaba los servicios de la Bruja para hablar con los muertos.

. . .

Inicialmente, la Bruja de Endor sospechó del extraño y se negó a hacer negocios, citando la reciente prohibición contra la mediumnidad. Como la escritura lo describe, de hecho, ella pareció agitarse francamente incluso cuando se le pidió que hiciera tal cosa a la luz de las circunstancias. El Libro bíblico de Samuel describe todo este intercambio con vívidos detalles.

Los versículos de 1 Samuel 28:8-10, nos dicen: Saúl se vistió de otra manera y se disfrazó con dos de sus hombres. Llegó a la mujer de noche y le dijo: Dime mi suerte consultando a los muertos, y llama al hombre que te nombro. Pero la mujer respondió: Ciertamente tú sabes lo que ha hecho Saúl, cómo ha acabado con los que invocan fantasmas y espíritus; ¿por qué me presionas para que haga lo que me llevará a la muerte?" Saúl le hizo juramento y juramento: 'Vive el Señor, que ningún mal te sobrevendrá por esto.

Como indican estos versos, la Bruja de Endor en este momento no tenía idea de con quién estaba tratando. Ella obviamente no sabía que era el rey Saúl, ya que protestó enérgicamente dando una lectura sobre la base de que Saúl había prohibido tales cosas. Ella trató de inculcar en este extraño su propio sentido de ansiedad por estar en peligro, al pedirle que convocara a los espíritus de los muertos, cuando todos en la tierra habían escuchado claramente el decreto de que tales cosas ya no estaban permitidas.

Sin embargo, el peculiar cliente disfrazado de la Bruja de Endor "juró" que "no se haría daño", por lo que accedió a regañadientes a llevar a cabo la sesión. Y lo que sucede a continuación, en realidad es bastante típico de lo que ocurre en una sesión de espiritismo moderna con un médium. La Bruja de Endor simplemente le preguntó a Saul el nombre de la persona que le gustaría convocar, y él le dijo: "Samuel".

Es importante señalar que esta médium no tenía idea de quién era Samuel. Como es común con los médiums modernos, ella simplemente requirió un nombre, y luego enfocó su mente en ese nombre, hasta que surgió algo.

Como se mencionó, estaba completamente a oscuras al comienzo de este intercambio. No tenía idea de que tenía al mismo rey de Israel a quien tanto temía, justo allí en su presencia, y no tenía idea de quién era Samuel. Para ella, era solo un cliente al azar, con una solicitud al azar.

. . .

Pero tan pronto como Samuel fue convocado, recibió un grito, ya que parece que casi instantáneamente, se le informó no solo quién era Samuel sino también quién era su cliente. Porque fue al convocar a Samuel, que pudo ver a través del disfraz del extraño, y para su sorpresa, se dio cuenta de que estaba invocando espíritus justo en frente del Rey Saúl, ¡el tipo que había prohibido la práctica!

O como nos dice la Escritura: "La mujer preguntó a quién debía llamar, y Saúl respondió: Samuel. Cuando la mujer vio aparecer a Samuel, gritó y dijo a Saúl: '¿Por qué me has engañado? ¡Tú eres Saúl! (1 Samuel 11-12) Esta médium no "gritó" de miedo porque vio un fantasma, ella gritó por lo que el fantasma le dijo. Samuel debe haber soltado inmediatamente la bomba: su cliente no era otro que el rey Saúl.

Uno solo puede imaginar cómo se sintió esta mujer con un monarca absoluto como Saúl, quien literalmente tiene el poder de vida o muerte sobre sus súbditos, debe haber pensado que acababa de caer en una especie de trampa retorcida para atrapar a los médiums en el acto. de convocar a los espíritus. Tal vez ella pensó que Saúl andaba disfrazado, tratando de poner a prueba a médiums conocidos, para ver si podía lograr que violaran la ley. ¿Fue esta una operación encubierta contra los médiums?

Suena un poco ridículo, pero esto es probablemente lo que ella pensó que estaba sucediendo. La bruja de Endor probablemente pensó que había sido engañada y que estaba a punto de ser arrastrada a alguna mazmorra en algún lugar, para nunca volver a ver la luz del día. Todo porque fue engañada para romper la prohibición de nigromancia de Saul. Saul mismo no tenía que ser un psíquico para darse cuenta de lo que estaba pasando en la mente de la Bruja de Endor. Y rápidamente le aseguró que sí, aunque él era Saúl, el tipo que había prohibido la práctica de los médiums, todo estaba bien y no la castigaría por llamar a los muertos.

Saúl luego insistió en que realmente necesitaba hablar con el espíritu de Samuel y le pidió que continuara con la sesión.

La Bruja de Endor luego describe la figura fantasmal que tiene delante, y sus detalles fueron lo suficientemente precisos como para convencer completamente a Saúl de que Samuel estaba en su presencia.

. . .

Sin embargo, la escritura es un poco confusa en este punto, porque inmediatamente después de que se hace este reconocimiento, parece que Saúl de repente puede ver a Samuel por sí mismo, porque la narración va desde Saúl pidiéndole al médium que describa a Samuel, hasta que Saúl parece hablar directamente con Samuel.

O como nos dice la Biblia: Entonces Saúl supo que era Samuel, y se inclinó rostro en tierra, y se postró. Samuel dijo a Saúl: ¿Por qué me has molestado y me has hecho subir?(1 Samuel 28: 14-15). No está claro exactamente cuándo o cómo ocurrió esta transición, pero en este punto, la escritura parece indicar que Samuel ya no está hablando a través del médium a Samuel, sino que en realidad está viendo, escuchar y hablar con Samuel directamente.

Luego, el relato continúa diciéndonos cómo el rey Saúl describe todos sus problemas a Samuel. Habla de cómo su reino está siendo amenazado por los ejércitos filisteos, y también se queja con Samuel, de sentir como si Dios se hubiera "alejado" de él y ya no respondiera a sus oraciones.

. . .

Saúl dice cómo siente que su guía divina anterior se ha ido, y es por esta razón que ha recurrido a la mediumnidad, para convocar al espíritu de Samuel en busca de ayuda.

Samuel, mientras tanto, parece haber estado bastante frustrado desde el comienzo de esta sesión, como se indicó cuando saludó a Saúl al preguntarle: ¿Por qué me has molestado y me has hecho subir? El espíritu de Samuel obviamente no quería ser perturbado, e incluso después de que Saúl explica por qué recurrió a la nigromancia, Samuel no se conmueve. En lugar de dar consejos, el espíritu de Samuel ofrece una represión punzante.

O como nos dice la Escritura: Samuel dijo: ¿Por qué me preguntas, ahora que el Señor se ha apartado de ti y se ha convertido en tu adversario? Ha hecho lo que había dicho por medio de mí. Ha arrebatado el reino de tu mano y se lo ha dado a otro hombre, a David. No habéis obedecido a Jehová, ni ejecutado el juicio de su furor contra los Amalecitas, por eso os ha hecho esto hoy. Por la misma razón el Señor entregará el ejército de Israel en manos de los filisteos y, además, mañana estarás tú y tus hijos conmigo.

. . .

Hay mucho que desempacar en la declaración de Samuel.

Pero básicamente, le está diciendo al rey Saúl todo lo que no quería escuchar. En primer lugar, predice que Saúl será reemplazado por el rey David. También predice que el ejército de Saúl será derrotado por su enemigo, los filisteos.

Y finalmente, predice la muerte de Saúl y sus hijos dentro de las 24 horas, ya que el difunto Samuel afirma que Saúl y sus hijos "estarán conmigo" para "mañana".

Es lo suficientemente impactante ver un fantasma, pero es aún peor que ese fantasma te dé las peores noticias imaginables. Y las Escrituras nos dicen que después de que Samuel pronunció estas palabras, Saúl básicamente se derrumbó en el lugar en un estado de pavor y terror absolutos. En realidad, fue la médium, la Bruja de Endor, quien intentó revivir a Saúl y devolverlo a sus sentidos. La Biblia nos dice que la bruja de Endor preparó una comida para Saúl y trató de consolarlo lo mejor que pudo antes de despedirse.

No está claro lo que realmente estaba pasando por la mente de Saúl en el momento en que creyó las palabras de Samuel. Si lo hizo, no pareció hacer nada para evitar que ocurrieran. Nada cambió realmente en su enfoque, fue a la guerra con los filisteos tal como lo había planeado. Y efectivamente, las palabras de Samuel se hicieron realidad, tal como lo predijeron. El ejército de Saúl fue derrotado, él y su hijo perecieron, y el rival de Saúl, David, se convirtió en rey de Israel.

El relato del encuentro de Saúl con Samuel a través de la médium, la bruja de Endor, es fascinante debido a los importantes personajes bíblicos que rodean el evento (Saúl, David y Samuel) y debido a la naturaleza muy detallada de la historia. cuenta.

Aunque la Biblia nos aconseja que no busquemos espíritus, no dice que tales cosas no sean posibles. Y este relato es claramente un testimonio de la posibilidad de hablar con los difuntos.

Sin embargo, algunos teólogos se sienten bastante incómodos con la idea de que los espíritus puedan ser convocados y han tratado de explicar el relato de la Bruja de Endor. Argumentan que no es posible que Saúl haya estado hablando con el espíritu de Samuel, sino más bien un demonio o tal vez incluso el mismo diablo, se habían disfrazado como el profeta Samuel. Hay muchos problemas con tal teoría.

. . .

Por un lado, las palabras del espíritu eran correctas y, según el resto de la narración bíblica, cumplieron el juicio divino de Dios. Es un poco desconcertante pensar que Dios hablaría a través de demonios para ejecutar su voluntad.

Pero lo más importante, y un hecho que parece pasarse por alto con frecuencia, cuando los teólogos discuten sobre este relato: si la bruja de Endor hubiera convocado a un demonio disfrazado de Samuel, las Escrituras nos habían dicho que la Biblia suele ser muy directa y clara, y no nos deja adivinando puntos importantes como este, sino que los establece claramente.

Si la lección que se aprendió de este encuentro fue que Saúl y la Bruja de Endor fueron engañados por un demonio que pretendía ser Samuel, eso habría dicho tanto. Pero no, en ninguna parte de la Biblia dice que la Bruja de Endor convocó a un demonio.

Los versículos parecen sugerir claramente que en verdad fue el espíritu del mismo Samuel, quien estaba bastante molesto por haber sido "perturbado" de su descanso. Sin embargo, miles de años después, aquellos que se sienten incómodos con la idea de que los vivos podrían potencialmente hablar con los espíritus de los muertos han buscado reinterpretar estas antiguas escrituras. De todos los primeros relatos de médiums, la historia de la Bruja de Endor sigue siendo una de las más intrigantes con diferencia.

El mago galés Merlín y el rey Arturo de Gran Bretaña

Merlín, o como a veces se le conocía en siglos anteriores, "Myrddin", es un personaje del folclore británico que puede haber sido, o no, una figura histórica real. Para la mayoría de nosotros, recordamos al personaje de los cuentos míticos del Rey Arturo y Camelot. El Rey Arturo, por supuesto, fue el valiente rey soldado de los Caballeros de la Mesa Redonda y en esta saga, Merlín juega un papel secundario importante como mentor y mago.

Sin embargo, para los galeses de Gran Bretaña, Merlín era más que una mera figura de cuento popular. Era visto como alguien con un pasado real, e incluso un futuro real. Porque fue en Gales donde la noción de las "profecías" de Merlín ganó algo de fuerza. Sí, así es, los galeses creían que el Mago Merlín había compilado una gran cantidad de profecías sobre el futuro de su gente y su tierra.

. . .

Es en la llamada "Historia Brittonum" compilada en el siglo IX, donde obtenemos una versión en profundidad de la historia de fondo de Merlín. Según este texto, la historia de Merlín comenzó en el siglo V, durante el último suspiro de la influencia del Imperio Romano en Gran Bretaña. Esta versión de los hechos afirma que Myrddin (galés para "loco") se llamaba originalmente "Ambrosius" y era hijo de un cónsul romano estacionado en Gran Bretaña.

Aparentemente, se había observado que Ambrosius había sido hábil con algún tipo de clarividencia desde una edad temprana. Ambrosius, también conocido como Merlín, también conocido como Myrddin, estaba en la región galesa de "Snowdonia" cuando se dice que vio una poderosa visión. Vio dos serpientes terribles, una blanca y una roja luchando entre sí. El dragón rojo ahuyentó al dragón blanco, y Merlín interpretó que esto significaba que los galeses, que representaban a la serpiente roja, algún día superarían a todos los demás y llegarían a dominar las Islas Británicas.

Estas profecías fueron populares en Gales durante mucho tiempo, y los reyes y reinas ingleses que estaban ocupados sometiendo a Gales en los siglos posteriores estaban muy conscientes y conscientes de las imágenes que presentaban estas profecías. Era el rey Eduardo Primero, en el Siglo XIII quien finalmente sometió a Gales y lo incorporó a este reino. Edward no solo conquistó a los galeses, sino que buscó suprimir las profecías de Merlín, ya que obviamente no encajaban muy bien con la noción de que los ingleses (el dragón blanco) eran el poder dominante en Gran Bretaña.

Las profecías de Merlín continuaron sirviendo como una poderosa pieza de propaganda para cualquier líder rebelde galés potencial, que buscaba derrocar a los ingleses. Correspondía al rey Eduardo, por lo tanto, no sólo someter a los galeses en la guerra, sino también someter a su propio folclore nativo. En sus esfuerzos, el rey Eduardo incluso trató de sofocar y reinterpretar la profecía galesa de que el rey Arturo regresaría de su sueño en Avalon para salvar al pueblo galés.

Los galeses creían que Arthur simplemente había resultado herido en la batalla y que entidades sobrenaturales lo habían llevado a una tierra desconocida. Como tal, constantemente se recordaban mutuamente que su gran héroe regresaría algún día cuando más lo necesitaran.

. . .

El rey Eduardo conquistador, por ejemplo, no deseaba el regreso triunfal del rey Arturo. En cambio, el rey Eduardo buscó reforzar las afirmaciones erróneas. que la tumba del rey Arturo se había descubierto en realidad en Glastonbury, y aseguró al público británico que Arturo (los huesos de la tumba ciertamente no eran de Arturo) estaba realmente muerto.

Entre las otras hazañas atribuidas al Mago Merlín, estaba la idea de que él fue quien dirigió la creación de ese hito británico siempre infame: Stonehenge. Stonehenge consiste en un círculo de enormes piedras talladas. ¡Su misma ubicación y construcción alucinan! ¿Cómo llevaron los antiguos británicos piezas de piedra tan grandes y las colocaron de esa manera? Incluso hoy en día, este desconcertante monumento es muy difícil de explicar. E incluso si entendiéramos cómo se construyó, la siguiente pregunta natural sería, ¿por qué se construyó?

Sin embargo, para los verdaderos creyentes en las profecías de Merlín, hay una respuesta. Según la antigua tradición de Merlín, no fue otro que el propio mago Merlín quien dirigió la construcción de este enorme monumento. Las piedras supuestamente fueron erigidas como un monumento a un funcionario romano con el nombre de "Aurelius Ambrosius". Aurelius aparentemente había caído en batalla, mientras libraba una guerra sangrienta contra los invasores anglosajones.

Este fue el razonamiento detrás de por qué se construyó Stonehenge, pero aún surge la pregunta, ¿cómo se construyó?

Bueno, según estos relatos, ¡Merlín usó sus poderes psíquicos para invocar gigantes! Aparentemente, para un gigante de 12 pies de altura, recoger varias toneladas de roca no fue gran cosa, y Stonehenge se construyó en un abrir y cerrar de ojos. Sin embargo, hay otra variación de este cuento que insiste en que no fue a través del vigoroso poder de los gigantes que Merlín hizo construir Stonehenge, sino a través de su propio poder mágico (¿o telequinético?). Esta versión insiste en que Merlín, con un simple movimiento de sus manos, fue capaz de hacer levitar enormes rocas y hacerlas flotar en su lugar.

Merlín, por supuesto, es más famoso por su supuesto papel como consejero místico del Rey Arturo. Según la leyenda artúrica, Merlín fue quien reclutó a Arturo y lo preparó para ser un gran Rey en primer lugar. Merlín exhibió una clarividencia hipermétrope en varias ocasiones, e incluso predijo la propia caída de Arthur a través de su hijo ilegítimo, Mordred.

Merlín había advertido a Arthur contra Mordred, pero Arthur aparentemente no estaba dispuesto o no podía evitar que su hijo derrocara su reino.

Según la saga artúrica, tanto Arthur como Mordred resultaron gravemente heridos en un combate cuerpo a cuerpo entre ellos. Pero en el último minuto, justo antes de que de otro modo hubiera muerto, se dice que Arthur fue transportado a la tierra mítica de Avalon, donde fue colocado en lo que hoy podríamos denominar "animación suspendida".

Como se mencionó, los galeses hablaron durante mucho tiempo de cómo Arturo algún día regresaría de su sueño para rescatarlos. Los reyes ingleses, ocupados en oprimir al pueblo galés, no tomaron muy en serio esta creencia e hicieron todo lo posible para suprimirla. Sin embargo, la saga de Merlín y el Rey Arturo continúa viva. ¿Y en cuanto a Merlín, el loco místico que formuló todas estas predicciones?

. . .

Su destino varía en diferentes textos. Pero en uno de los más repetidos, después de la terrible caída de Camelot, Merlín, quien era conocido por ser un consumado cambiaformas, simplemente se convirtió en un pájaro y se fue volando, dejando a los británicos luchando entre ellos. ¿Y quien sabe?

Quizá Merlín todavía está volando en las nubes, observando y esperando que lleguen días más brillantes y mejores.

2

Los Médiums Y El Islam

Místicos y médiums sufíes del Islam

Tal vez hayas visto un clip de algunos tipos con sombreros alargados, girando y girando en un baile llamado "derviche" una o dos veces en su vida. Si es así, entonces has dado testimonio de los místicos sufíes. Pero aparte de esta tradición ritualizada, el sufismo es mucho más que un derviche que gira. El sufismo es una rama mística del pensamiento que surgió del Islam hace muchos siglos.

Entre las principales figuras del movimiento se encontraba un místico llamado Jalal Al-Din Muhammad Rumi. Rumi es célebre por su filosofía sobre esta vida y la siguiente. Rumi procedía de Afganistán y, hasta el día de hoy, es una figura célebre entre los afganos.

Demostrando la influencia duradera del sufismo, después de que los talibanes tomaron Afganistán en 2001, los venerados y respetados clérigos sufíes se destacan como algunas de las pocas figuras de la sociedad afgana que los feroces señores de la guerra talibanes considerarán consultar.

Los sufíes, que se alinearon con este movimiento místico, fueron llamados así por la ropa de lana que usaban. Dado que la palabra árabe para lana es "suf", se les conoció como "sufíes". En términos generales, los sufíes eran musulmanes que buscaban una mayor conexión con lo divino y lo espiritual. Al igual que los místicos cristianos, hindúes o budistas, estos hombres buscaron diferenciarse de los demás a través de la oración intensa, la adoración elaborada (¿alguien derviche girando?), el ayuno y la meditación.

El último de los cuales se practica religiosamente, con los sufíes meditando en el nombre de Alá, mientras miran hacia adentro, hacia los rincones más profundos de su propia alma. Es a través de sondear estas profundidades que algunos místicos sufíes supuestamente han obtenido algunos resultados sorprendentes. Aunque la mayoría de los musulmanes tradicionales probablemente no estarían de acuerdo, los de la secta sufí afirman que toman su ejemplo directamente de Mahoma y lo citan como el primer místico sufí.

Lo afirman, ya que el Corán habla de cómo Mahoma solía ayunar y pasar largas horas solo dentro de una cueva buscando a Dios. De hecho, el Corán afirma que Mahoma estaba en una intensa oración en una cueva cuando fue visitado por el arcángel Gabriel, quien finalmente le explicó el mensaje del Islam. Pero la forma en que los sufíes intentan exagerar el papel de Mahoma en su tradición de misticismo probablemente esté exagerando un poco las cosas.

En el siglo XVIII, las ideas de los sufíes comenzaron a cambiar considerablemente; de hecho, lo suficiente como para que muchos seguidores tradicionales del Islam pudieran haber considerado que los sufíes tenían una inclinación herética. El místico sufí Muhyi al-din Ibn Al-Arabi, quien fue prominente durante este período de tiempo, por ejemplo, fue famoso por su visión de "wahdat al wujud" o, como se dice en inglés, "la unidad del ser". Esencialmente defendió la opinión de que Dios consiste en toda la creación.

De acuerdo con esta línea de pensamiento, yo, tú, la roca, el árbol y todo lo demás es simplemente un aspecto de la propia forma de Dios, todos somos solo pequeñas partes del todo. Tal creencia es más parecida al panteísmo que al Islam. El Islam puede afirmar que Dios es uno, y que "no hay más Dios que Dios", ¡pero no afirma que todos somos parte de Dios! Como tal, uno puede imaginar cómo los islamistas tradicionales habrían comenzado a rechazar tales creencias sufíes.

Fueron estos puntos de vista del sufismo los que se consideraron tan heréticos que condujeron a un poderoso movimiento de oposición de los puristas islámicos, que se conocería como Islam "Wahhabi". Los wahabíes intentaron volver a lo que consideraban puntos de vista islámicos tradicionales y comenzaron a perseguir a los sufíes. Sin embargo, incluso empujados a los márgenes de la sociedad islámica, los sufíes persistieron. Y algunos de estos místicos sobrevivientes se han presentado con algunas afirmaciones clarividentes bastante sorprendentes, en lo que respecta al futuro.

. . .

Un santo sufí en particular, Shah Ne'Matullah Vali, que originalmente procedía de la región que hoy se llama "Pakistán", proporcionó algunas predicciones bastante sorprendentes. Por supuesto, Pakistán lleva mucho tiempo envuelto en un conflicto con su vecina India, y muchos se han estado preguntando cuál podría ser el destino final de estos dos campos hostiles. Dado que tanto Pakistán como India tienen armas nucleares, el pronóstico más extremo es un futuro intercambio nuclear entre estas dos naciones.

Las profecías de este místico sufí, que se remontan al siglo XV, supuestamente fueron plasmadas en poesía, que muchos han señalado que son muy parecidas a las cuartetas de ese otro místico: Nostradamus. Las palabras no son específicas y son lo suficientemente vagas como para que la gente pueda atribuirles sus propias interpretaciones. Tal vaguedad, por supuesto, es algo que los escépticos fácilmente señalarán, al descartar todo el asunto.

Sin embargo, un tema atraviesa estas supuestas predicciones, que pronostican buenas noticias para Pakistán, afirmando que la región tendrá bastante éxito en el futuro, e incluso se convertirá en una futura superpotencia y líder mundial. La idea de que Pakistán algún día superaría a otras superpotencias, como Estados Unidos, Rusia y China, probablemente parecería absurda. Pero en realidad, todo es posible.

. . .

¿Podría Pakistán algún día hacerse rico con algún recurso desconocido? ¿O quizás los científicos pakistaníes podrían hacer algún avance increíble en ciencia y tecnología que de repente convertiría a Pakistán en la nación más avanzada del planeta? Sin entrar en detalles precisos, los poemas de este místico sufí parecen indicar que algo increíble y profundo sucederá en el futuro de Pakistán, que hará que se mantenga firme frente a todos los demás.

¿Es posible tal cosa? Ciertamente lo es. Como nos muestra la historia, nada es estático acerca de las potencias mundiales y los imperios mundiales. El Imperio Romano fue el pez gordo del planeta durante varios siglos, pero cayó tan seguro como se levantó. ¿Quién puede decir que Pakistán no sorprenderá repentinamente al mundo y se convertirá en la potencia dominante del planeta? Solo mantén los dedos cruzados, porque han sucedido cosas más extrañas.

¿Las fuerzas oscuras tenían diseños en Salem?

La mayoría de nosotros hemos oído hablar de los juicios de brujas de Salem. Hemos escuchado la historia de cómo un pueblo en Salem, Massachusetts, durante la época colonial, se puso completamente histérico, buscando brujas entre ellos. De hecho, fue a partir de todo este sórdido episodio que nació el término "caza de brujas". Los juicios de brujas de Salem, sin embargo, son en gran parte conocidos no tanto por las brujas y la brujería como por la histeria colectiva, el pensamiento grupal, la prisa por juzgar y las personas acusadas injustamente.

Al reflexionar sobre Salem, generalmente consideramos las locas acusaciones inventadas y las personas inocentes gritando y llorando que no son brujas mientras son conducidas a la muerte. Esta es la interpretación moderna de los juicios de brujas de Salem. Pero lo que se pierde en todo esto es la posibilidad de que algunos de los acusados realmente estuvieran practicando brujería. Cierto, los miembros histéricos de la ciudad mataron a bastantes personas, pero sigue existiendo la posibilidad (no importa cuán remota sea) de que los eventos de Salem fueron provocados por eventos reales y sobrenaturales.

Pero antes de continuar, analicemos un poco los antecedentes de cómo comenzó esta desafortunada cadena de eventos. Realmente todo comenzó cuando un devoto puritano llamado Samuel Perri decidió establecer una iglesia en Salem.

. . .

Perri llegó a la escena, en algún momento alrededor de 1689. Perri se convirtió rápidamente en una luz principal en la comunidad, mientras pastoreaba su rebaño local en Salem.

Eran tiempos difíciles en las colonias. La gente tenía suerte si tenía suficiente comida para comer y suficiente leña para calentarse. En este entorno hostil, buscaron el apoyo del Sr. Perri. Y cuando las cosas salieron mal. la gente a menudo también buscaba a alguien o algo a quien culpar. El propio Perri era un firme creyente en la guerra espiritual y parecía ser de la opinión de que cualquier desgracia negativa que sucediera a la comunidad podría atribuirse a los malos espíritus.

¿Tienes dolor de cabeza? Bueno, tal vez hay un demonio invisible empujándote justo en la frente. ¿Tu estómago te duele? Tal vez algún hobgoblin acaba de golpearte en la tripa cuando no estabas mirando. ¿Tu vaca lechera se escapó?

¡Bueno, tal vez fue atraída por el mismo diablo! Suena ridículo para nosotros hoy, pero así fue básicamente como Perris y sus feligreses vieron el mundo. Casi cualquier desgracia que azotara a la comunidad se atribuyó a las fuerzas del mal en acción.

Perri reforzó estas creencias y creó un mayor sentido de vigilancia ante cualquier señal de invasión paranormal en la comunidad. A menudo advertía a la gente que se mantuviera al acecho, no sea que Satanás de alguna manera invada su propio espacio. Es por esta razón que debe haber venido como alguna sorpresa, que Perri supuestamente se enfrentaría con el diablo en su propia casa.

Todo comenzó cuando su propia hija Betty, junto con su prima Abigail, comenzaron a actuar como si estuvieran siendo navegados por una entidad invisible. De repente, las jóvenes gritaban que estaban siendo asaltadas por alguna fuerza malévola. No solo gritaron, sino que actuaron (¿o vivieron?) La experiencia, con reacciones dramáticas de supuestamente ser empujados y aguijoneados por atormentadores sobrenaturales.

Mientras Perri miraba con asombro, las dos chicas se estremecieron visiblemente, retrocedieron e incluso colapsaron en el suelo, ya que este ataque aparentemente ocurrió en tiempo real. Fue solo cuando cesó el extraño ataque que el Sr. Perri pudo interrogar a los niños sobre lo que había estado sucediendo. Una vez que se recuperaron lo suficiente como para hablar, le dijeron al ministro que acababan de participar en una actividad oculta con un esclavo llamado "Tituba".

Vale la pena señalar que Tituba, de todos los interrogados, admitiría más tarde que practicaba la brujería. Pero lo que, para los ciudadanos de Salem equivalía a brujería, en realidad era solo una parte de su propia práctica tradicional y ancestral. Según las chicas, justo antes del episodio que Perri había presenciado, estaban con Tituba participando en rituales ocultos, en un intento de predecir el futuro.

Hicieron esto rompiendo un huevo sobre un poco de agua y observando cómo la yema se asentaba sobre el líquido.

Mientras los tres se concentraban intensamente en la yema, se suponía que formaba varios patrones que les darían pistas sobre lo que podría depararles el futuro. Es probable que todo suene bastante absurdo para el lector moderno, pero este tipo de prácticas eran bastante comunes en edades anteriores.

Ya sea para leer los movimientos de las estrellas, el contenido de las entrañas de un animal o la formación de la yema de huevo, tales cosas se usaban para interpretar y trazar de alguna manera el curso de eventos futuros.

Después de escuchar todo esto, el ministro Samuel Perris probablemente les dijo a las niñas que se arrepintieran de su incursión en el ocultismo y estaba listo para seguir adelante.

Pero pronto, otras dos niñas en la comunidad comenzaron a actuar de manera similar, y lo siguiente que nadie supo fue que parecía que todo el pueblo había sido poseído, con demonios atacando a la gente a diestra y siniestra. Y todo el pueblo pronto estuvo a la caza de las brujas que supuestamente desencadenaron estos poderes demoníacos.

La explicación tradicional para todo esto era que los demandantes iniciales estaban fingiendo para llamar la atención, y luego, a través del poder de la sugestión, algunos de los más paranoicos de Salem se convencieron de que realmente estaban bajo un ataque espiritual. todo lo que sabemos, tal vez había más que eso. El testimonio más llamativo de supuestos hechos sobrenaturales vendría del primero de los acusados.

Como se mencionó, Tituba nunca negó realmente participar en actividades consideradas ocultas. Y cuando se le preguntó más sobre lo que sabía sobre la brujería, construyó un relato intrigante. Habló de cómo una entidad se materializaba regularmente en su casa mientras otros dormían. Este ser, aparentemente tenía la capacidad de cambiar su forma, y a veces incluso aparecer como "un gran perro negro".

En cualquier caso, esta fuerza malévola, supuestamente se hizo muy amiga de Tituba e incluso la convenció de firmar su nombre en un "libro" que le presentó.

Esto supuestamente la vinculó con la entidad. Fue Tituba la que también implicó a otros miembros de la comunidad alegando que ella y otras mujeres acusadas a menudo viajaban "sobre un palo o poste" que las levitaba por el aire.

. . .

La ministra Perris, ahora equipada con la imagen mental de Tituba y otras mujeres locales volando por el aire en palos de escoba, era todo oídos, y todo se convirtió en una bola de nieve a partir de ahí. acusados de brujería, muchos fueron encarcelados, y algunos murieron por sus supuestas transgresiones. Considere la muerte y la destrucción dirigida contra este pueblo colonial, parece que hubiera o no fuerzas malignas o malévolas trabajando en Salem, los resultados fueron verdaderamente diabólicos independientemente.

Robert J.L, un médium famoso de la época victoriana

El Sr. Robert J.L fue un médium de renombre en la era victoriana, tan renombrado que, de hecho, trabajó para la mujer que lleva el nombre de la era victoriana: ¡la mismísima reina Victoria de Gran Bretaña! Lee era el llamado "pensionista del bolsillo privado" y un viajero frecuente en el Palacio de Buckingham, donde cautivó a la realeza con sus supuestas habilidades psíquicas.

En un momento, incluso afirmó haber conocido la identidad de nada menos que el más horrible de asesinos en serie británicos: Jackson el Destripador.

. . .

Se dice que J.L, nacido en 1849, ha sido esencialmente un médium dotado desde que era un niño pequeño. De hecho, tan pronto como pudo hablar como un niño pequeño, comenzó a hablar incesantemente de ver cosas que nadie más a su alrededor podía ver. Por la noche, por ejemplo, cuando tenía miedo de la oscuridad en su habitación (como casi todos los niños), supuestamente J.L fue visitado por un amable hombre escocés, vestido con una falda tradicional escocesa, quien le habló suavemente y lo consoló hasta que se durmió.

No todo lo que J.L vería sería tan reconfortante, sin embargo, se dice que cuando tenía alrededor de siete años, fue testigo de una visión terrible. Él y su familia se acababan de mudar a una nueva casa, y poco después, J.L vio un fantasma. El fantasma no era tan aterrador inicialmente, aparentemente era el espíritu de un niño pequeño.

Robert J.L observó cómo el niño fantasmal bajaba las escaleras y, de repente, el niño fantasmal se volvió y lo miró directamente. Fue entonces cuando J.L vio un corte terrible en la garganta del niño, del que brotaba sangre. La imagen que vio fue aparentemente tan escalofriante que el joven médium, Robert J.L, se desmayó por completo.

La tarde siguiente. J.L supuestamente vio el espíritu una vez más, pero esta vez se las arregló para mantener la conciencia y observar todo el descenso del espíritu por las escaleras. Esta vez, pudo ver al fantasma caminar hasta el final de las escaleras, atravesar la cocina y luego dirigirse al sótano. El niño alertó a sus comprensivos padres y, por curiosidad, comenzaron a hurgar en el sótano.

Para su asombro, encontraron el esqueleto de un niño pequeño, enterrado bajo la tierra. Aparentemente, esto fue informado a la policía, pero al rastrear a los padres del niño que vivía allí, se descubrió que se habían ido hacía mucho tiempo, ya que habían emigrado a los Estados Unidos.

Esas cosas son realmente muy inusuales, pero más allá de rascarse la cabeza con asombro ante las declaraciones del niño, nadie más sabía realmente qué hacer con eso. Mientras tanto, el verdadero salto a la fama del Sr. J.L ocurrió en 1861, cuando solo tenía 13 años. Porque fue este fatídico año que J.L continuaría afirmando que había logrado ponerse en contacto nada menos que con el difunto esposo de la reina Victoria, el príncipe Alberto.

. . .

Esto quedó supuestamente probado, cuando Albert le dio al niño el apodo personal que le había dado la reina Victoria. No había otra forma en que este niño pudiera haber sabido tal detalle por sí mismo.

De hecho, tal revelación sería bastante impresionante para la reina Victoria, quien buscó desesperadamente algún sentido de cierre después de la repentina muerte de su esposo, Alberto.

El Príncipe Alberto, que se casó con un miembro de la familia real, nunca pudo convertirse en rey, la Reina Victoria amaba tanto al Príncipe Alberto, sin embargo, trató incansablemente de romper las reglas para que él lo hiciera.

En verdad, amaba y respetaba tanto a este hombre que no quería nada más que entregarle directamente las riendas del poder. De hecho, todavía estaba presionando por esta posibilidad, cuando el Príncipe Alberto murió abruptamente en 1861.

La reina Victoria estaba más que angustiada cuando murió su amado esposo, y esencialmente estaría de luto por él por el resto de su larga vida. Victoria sería conocida a partir de ese momento, por usar siempre vestidos negros, como un signo de su dolor continuo y tristeza por la pérdida del Príncipe Alberto. Habiendo dicho eso, cuando Robert J.L, de 13 años, comenzó a hablar de cómo el difunto Príncipe Alberto había entablado una conversación con él, la Reina Victoria no pudo evitar darse cuenta.

J.L fue invitado personalmente al palacio donde dirigió múltiples sesiones de espiritismo para la Reina. Poco después, el niño se hizo conocido como el "médium residente" de la Reina. J.L luego afirmaría que estaba tan cerca de la familia real que incluso se instaló en el palacio de Buckingham, aunque estas afirmaciones han sido cuestionadas.

Además de conversar con el difunto Príncipe Alberto, la otra gran afirmación de Robert J.L fue que conocía la verdadera identidad del misterioso Jack el Destripador. Esto lo llevó en 1888 a ponerse en contacto con el gigante de la policía de Inglaterra, Scotland Yard, para ayudar en la investigación de los asesinatos del Destripador. Lees insistió en que en su mente podía ver una imagen exacta del asesino que la policía buscaba desesperadamente. Seguía viendo una visión repetida de un tipo vestido con un "traje oscuro de tweed escocés".

. . .

En la visión, esta figura amenazante estaba acompañada por una dama, mientras paseaban por "una calle de aspecto ruin". Pero ese no fue el final de la visión. Porque poco tiempo después, en esa secuencia de eventos, J.L fue testigo de cómo la pareja entraba en un "patio angosto". En algún momento, incluso pudo leer una "placa de identificación" en una casa cercana, lo que le dio una idea de la ubicación general.

Esta atención al detalle es muy similar a cómo los llamados "detectives psíquicos" de la era moderna a menudo ayudan a la policía al proporcionar pistas importantes, como los números de matrícula de los automóviles. El jurado aún está deliberando sobre cuán efectivos son estos métodos. Pero hay algunos miembros de las fuerzas del orden que se han convencido bastante de que los clarividentes psíquicos pueden, de hecho, detectar ocasionalmente información crucial en los detalles que sean pertinentes para la resolución de investigaciones penales en curso.

Sin embargo, inicialmente, en lo que respecta a Jackson el Destripador, la policía de Scotland Yard se mostró muy escéptica ante las afirmaciones de este clarividente en particular. Sin embargo, la historia no termina ahí, porque supuestamente una mujer fue encontrada asesinada en un lugar muy similar al que Robert J.L había imaginado y descrito. ¿Tuvo J.L una visión de uno de los asesinatos de Jack el Destripador incluso antes de que ocurriera?

Se dice que tales premoniciones psíquicas ocurren con bastante frecuencia en médiums clarividentes como Robert J.L. Tristemente, la mayoría de estas premoniciones nunca parecen tener éxito en la prevención de los trágicos resultados que son aparentemente previstos antes de que realmente sucedan.

Incluso después de no poder evitar el último asesinato de Jackson el Destripador, Robert J.L siguió obsesionado con encontrar a este enigmático asesino. Y se dice que poco después, fue a la escena de otro asesinato atribuido al Destripador y "como un sabueso". Recogió un "rastro psíquico" y procedió a llevar a los detectives al otro lado de la ciudad, a la casa de un médico local.

La policía no tenía pruebas para arrestar al médico, pero pronto el hombre sufrió un colapso mental y fue internado en un manicomio. ¿Era este el hombre Jack el Destripador?

¿Y cuál fue el destino final de uno de los asesinos más infames de la historia? Nadie lo sabe con certeza, pero al menos un médium consciente, Robert J.L, aparentemente pensó que este era el caso.

3

El Hombre Del Misterio

Hombre de misterio: Daniel Dean

Daniel Dean fue uno de los medios más prolíficos del siglo XIX. Pero no solo era un médium, también parecía tener su propio conjunto único de habilidades psíquicas. Para aquellos que creen en la veracidad de sus supuestas hazañas, incluso se dice que tenía algún tipo de telequinesis en la que podía mover objetos, e incluso a sí mismo, cuando se aplicaba suficiente esfuerzo concentrado.

El más espectacular de estos intentos fue cuando supuestamente levitó del suelo frente a varios testigos atónitos. Sin embargo, sus detractores dirían que Dean era solo un bromista inteligente. Lo cual, por supuesto, sería la única otra explicación posible para las sorprendentes afirmaciones hechas sobre sus poderes supuestamente sobrenaturales.

O todo era un engaño elaborado (y aún sin explicación), o este hombre extraño y misterioso, era verdaderamente capaz de algunas cosas bastante extraordinarias.

Cualquiera que sea el caso, Daniel Dean ciertamente se destacó entre sus pares. Se dice que, de hecho, se distinguió a propósito, sin querer tener nada que ver con otros médiums y los llamados "espiritualistas". Aunque Dean insistió en que él era auténtico, fue uno de los primeros en señalar que la mayoría de los supuestos trabajadores de lo sobrenatural eran fraudes. Y Daniel Dean, insistió en que no tenía ganas de codearse con charlatanes. Así que incluso cuando otros médiums se unían a grupos de investigación psíquica y organizaciones de sesiones de espiritismo, Daniel Dean siguió siendo un lobo solitario entre los espiritistas.

El Sr. Dean originalmente provenía de Edimburgo, Escocia, y sus habilidades comenzaron desde una edad temprana. De hecho, con solo cuatro años, se dice que predijo la muerte de uno de sus primos. Uno solo puede imaginar lo sorprendidos que estaban todos cuando Dean pronosticó que su primo moriría; sin embargo, ¡se sorprendieron aún más cuando la predicción se hizo realidad! Predecir las muertes prematuras de las personas probablemente no hace que uno se haga querer por sus compañeros, y como tal, Daniel Dean era mayormente un solitario que crecía y no tenía demasiados amigos.

La mayor parte del tiempo sólo daba largos paseos y consultaba con los espíritus que tan a menudo ocupaban su mente. En su juventud, también logró contraer tuberculosis, que en aquellos días no tenía cura. Y como resultado, a menudo estaba demasiado enfermo para ser muy sociable entre los vivos. Entonces, estaba Daniel Dean, con nada más que los espíritus como guías.

Como adulto, Dean era a menudo inestable y saltaba sin rumbo fijo de un lugar a otro. Sin embargo, sus talentos pronto se dieron cuenta y comenzó a hacer sesiones de espiritismo. Ocultarse más fácilmente, Dean insistía en hacer sus sesiones de espiritismo en áreas bien iluminadas, para que todos pudieran ver lo que estaba haciendo. Durante estas sesiones, se dice que Dean no solo habló con los muertos, sino que también manifestó de alguna manera fenómenos visuales presenciados por otros, como extrañas luces parpadeantes y deslumbrantes, que aparentemente emanan de la nada.

Esto fue antes de que se soñara con el puntero láser, por lo que es difícil explicar qué eran en realidad estos espectáculos de luces flotantes de Daniel Dean. Aún más extraño, en una ocasión se dice que apareció una mano sin cuerpo, justo en el medio de una de las manos de Dean. Si esto realmente sucedió, es sorprendente que la audiencia de Dean no salió corriendo de la sala por puro miedo. Sin embargo, se dice que al menos un observador le dio al miembro incorpóreo un buen y sólido apretón de manos.

Dean encontró un espíritu amistoso aparentemente listo para mostrar su benevolencia al participar en el signo universal de buena voluntad. El Sr. Dean debe haberle pedido a uno de sus amigos fantasmales que lo sacudiera. Luego, el fantasma supuestamente obligó a concentrar toda su energía para materializar una mano, que otros no tan intuitivos como el Sr. Dean podrían ver. Y un apretón de manos adecuado aparentemente era todo lo que se necesitaba para cerrar la brecha entre este mundo y el más allá.

Junto con estos casos más sorprendentes, Dean también usó técnicas convencionales de sesiones de espiritismo para servir como medio y transmitir mensajes vocales del difunto mientras supuestamente los escuchaba pronunciar. También se dedicó a la escritura espiritual, en la que canalizaba las entidades circundantes y escribía sus palabras en una hoja de papel como se le indicaba. Pero su sesión de espiritismo más impresionante de todas se realizó durante una visita a los Estados Unidos.

Dean estaba realizando una sesión de espiritismo en una residencia en Connecticut, cuando los asistentes vieron algo que seguramente nunca olvidarían. Porque justo en medio de la sesión se dice que Dean comenzó a flotar del suelo. Si esto fuera un engaño, uno podría considerar el uso de un cable oculto, pero recuerde, Dean siempre insistió en llevar a cabo sus sesiones de forma brillante. Habitaciones espaciosas e iluminadas en las que todos podían ver lo que estaba haciendo.

Además, no estaba familiarizado con la residencia en la que se llevó a cabo esta sesión de espiritismo en particular. Después de todo, estaba de visita en Connecticut, y parece poco probable que hubiera tenido tiempo de armar algún tipo de elaborado sistema de cables para levantarse en el aire. Los presentes juraron por lo que vieron e insistieron en que no había ningún truco involucrado.

. . .

Salieron completamente convencidos de que algo bastante extraordinario había ocurrido ante sus propios ojos. Uno de los testigos oculares era incluso un periodista respetado, de nombre F.L Burr, que no era probable que formara parte de un engaño o una broma. La palabra de Burr era considerada sacrosanto, y para muchos, si alguien como Burr dijo que sucedió algo increíble, entonces debe haber sucedido. Y es de Burr de quien obtenemos uno de los testimonios más sorprendentes con respecto a las supuestas habilidades de Dean.

Después de la sesión de esa noche, Burr dejó constancia de lo siguiente: "De repente, sin ninguna expectativa por parte de la compañía, Dean se elevó por los aires. Lo agarré de la mano en ese momento y sentí que sus pies fueron levantados un pie del suelo. Palpitaba de la cabeza a los pies con las emociones enfrentadas de alegría y miedo que ahogaban sus declaraciones. Una y otra vez, lo sacaron del suelo, y la tercera vez lo llevaron al techo del apartamento, con el que sus manos y pies entraron en suave contacto".

Imagínense el hogar flotando hasta el techo como si lo invadiera una energía intensa y abrumadora. Es sorprendente cómo se lo describió como alegre y temeroso al mismo tiempo. Probablemente la mejor manera de describir a alguien en ese estado sería completa y completamente abrumado. Si esta historia es cierta, y una fuerza increíble se apoderó de este tipo, lo levantó de su asiento y lo hizo flotar hasta el techo, lo más probable es que estuviera en un estado de excitación increíble.

Mr. Home se hizo muy conocido después de este incidente y recorrió el mundo. Muchos de sus clientes se encontraban entre los superricos y los bien conectados, lo que proporcionaba a Dean una existencia relativamente cómoda. Una existencia que llegó a su fin en 1886 cuando la tuberculosis finalmente lo venció. ¿Quién era este hombre misterioso, Daniel Dean? ¿Cómo adquirió una reputación tan increíble de mediumnidad y clarividencia? Si incluso la mitad de las afirmaciones hechas sobre Dean son ciertas, de hecho se erige como uno de los proveedores más prolíficos de lo paranormal de todos los tiempos.

4

La Comunicación Con Los Médiums

Tom Edwards arroja luz sobre los médiums

Tom Edwards recibe crédito por muchos inventos. La bombilla y el fonógrafo son dos de los más conocidos. Ambos son importantes, pero fue el fonógrafo, y la capacidad de grabar sonido por primera vez, lo que realmente conmocionó al mundo. Fue en 1877 que Edwards hizo la primera grabación de audio. Hasta ese momento de la historia, si uno deseaba escuchar un sonido, tenía que pararse junto a alguien mientras hablaba, cantaba o tocaba un instrumento en vivo.

. . .

Pero, de repente, ahora Edwards podía reproducir voces pregrabadas en su artilugio recién inventado siempre que quisiera.

Para la gente allá por 1877, incluso después de que Edwards explicara cómo funcionaba para ellos la tecnología del fonógrafo que tocaba discos, todavía parecía casi sobrenatural escuchar voces incorpóreas crepitando cobrando vida desde el fonógrafo. La hazaña parecía tan mágica que Tom Edwards fue apodado "el Mago".

Muchos se preguntaron abiertamente, si Edwards puede hacer esto, ¿qué más puede hacer? Entonces, no parecía tan fuera de lo común, que cuando el tipo que había grabado las primeras voces en registros, comenzó a hablar sobre la grabación de las voces de los difuntos. Sí, eso es correcto.

Edwards decidió que quería encontrar una forma de grabar las voces de los muertos. Edwards creía firmemente en el mundo espiritual, y pensó que los murmullos y las voces de los espíritus podrían grabarse, si solo se usara el equipo adecuado.

. . .

Para ser claros, Edwards no creía que se requiriera ningún tipo de magia o ritual oculto, sintió que a través de sólidos conocimientos científicos y de ingeniería, podría encontrar un medio para abrir la puerta al otro lado. Durante décadas, Edwards trabajaría en silencio en lo que más tarde denominó "Spirit Phone". Tom Edwards reveló por primera vez sus intenciones al público en 1920.

En ese momento, por supuesto, era un inventor bien establecido, en sus últimos años, con una gran empresa detrás de él. La idea de que el fundador de una de las automotrices más importantes perseguía la fabricación de un dispositivo para ponerse en contacto con los muertos sería como si Erik Mason y los coches eléctricos declararán repentinamente que habían construido una máquina del tiempo y estaban listos para reservar viajes para aquellos interesados en visitar a los dinosaurios. Como te puedes imaginar, todo esto causó un gran revuelo.

Tom Edwards hizo el anuncio durante una entrevista con la revista del momento en aquel entonces. Le dijo al entrevistador que sentía que estaba muy cerca de tener éxito en su búsqueda para construir su Spirit Phone. Tan pronto como esta copia de está revista llegó a los puestos de prensa, las palabras de Edwards ocuparon más titulares, ya que personas de todo el mundo comenzaron a tomar su invento muy en serio.

La gente empezó a creer de verdad que la ciencia moderna, con Tom Edwards a la cabeza, estaba muy cerca de romper esa barrera invisible entre los vivos y los muertos. Los editores de American Magazine pronto recibieron montones de correos de admiradores, y la gente escribió mucho sobre lo intrigados que estaban sobre este supuesto último invento en las obras del mago en persona: Tom Edwards.

En una misiva divertida, un hombre incluso preguntó cómo podría usar el invento una vez que muriera, para poder "llamar a casa" a sus familiares. ¿Sería realmente posible que Edwards tuviera una máquina que pudiera interactuar con los muertos? Después de todo, la década de 1920 fue la era de la radio, en la que las voces se captaban desde varias millas de distancia y se amplificaban a través de un receptor convenientemente disponible en casi todos los hogares familiares.

Entonces, una vez que Edwards despertó su curiosidad, muchos razonaron de forma natural, si las voces de los que estaban vivos y coleando podían ser arrebatadas y transmitidas tan fácilmente por radio, ¿por qué no se podía hacer lo mismo con las voces de los difuntos? Bueno, Edwards, por su parte, realmente creía que tal hazaña podría ser posible. Porque se supo después de su muerte que su ambición de construir un Spirit Phone no era una broma.

Edwards falleció en 1931, y solo un par de años después, en 1933, otra revista, que hablaba de mecánica moderna, detalló una historia de cómo, justo antes de que Edwards muriera, él y sus colegas habían dedicado bastante tiempo al proyecto. Aparentemente se reunieron "en secreto" en un laboratorio clandestino y rodeados de "parlantes, generadores y otros equipos experimentales" exploraron las posibilidades de captar las voces incorpóreas de los muertos.

Curiosamente, se dice que una parte de este experimento involucró no solo un equipo de audio para captar voces, sino el uso real de un "pequeño lápiz de luz, proveniente de una lámpara poderosa" que fue disparado hacia una habitación oscura. Edwards de alguna manera pensó que esta luz recolectaría "partículas espirituales". Aparentemente, Edwards y compañía pasaron bastante tiempo tratando de recolectar estas partículas, hasta que finalmente decidieron que todos sus esfuerzos bien intencionados no estaban logrando absolutamente nada.

Aún así, los diarios posteriores de Edwards mostrarían que este proyecto estaba bastante en su mente. Y parece que se desarrolló a partir de sus propias teorías personales sobre la vida y la vida potencial después de la muerte. Edwards era de la opinión de que la fuerza vital que reside dentro de todos nosotros, al igual que las fuerzas fundamentales de la naturaleza, no podía ser destruida. Sintió que podría tomar otras formas después de despojarse del cuerpo físico, pero la esencia real, como la electricidad, continuaría.

Era esa esencia la que Edwards deseaba crear un dispositivo lo suficientemente sensible como para captarla. Edwards estaba decidido a utilizar la ciencia para lograr estos fines, y no la superstición. De hecho, Edwards, incluso mientras hablaba con su Spirit Phone, ridiculizó todos los métodos tradicionales, menos científicos, utilizados por los médiums y los ocultistas para hablar con los muertos.

. . .

Edwards declaró que era la pura barbaridad de cómo el espiritista típico hizo negocios que lo impulsaron a encontrar una forma mejor, más científica, de hacerlo.

O como dijo Edwards: En verdad, es la tosquedad de los métodos actuales lo que me hace dudar de la autenticidad de las supuestas comunicaciones con personas fallecidas.

¿Por qué las personalidades en otra existencia o esfera deberían perder el tiempo trabajando en una pequeña pieza triangular? ¿De madera sobre un tablero con ciertas letras en él? ¿Por qué esas personalidades deberían jugar bromas con una mesa? Edwards, por supuesto, estaba denunciando el uso común de las tablas Ouija durante las sesiones de espiritismo.

En lugar de estos trucos de salón infantiles, Edwards quería encontrar un medio para iluminar literalmente el mundo de los espíritus, seleccionar la esencia del difunto con un equipo afinado y establecer un diálogo a través de una interfaz tecnológica científicamente sólida. Y entonces, ¿qué hay de su Spirit Phone? ¿Se construyó alguna vez? Si bien no hay planos claros, en 2015 se hizo un descubrimiento sorprendente en las revistas antes mencionadas de Tom Edwards.

. . .

Un investigador francés encontró una edición francesa del diario impreso de Edwards, con un capítulo final que había sido eliminado póstumamente de todos los demás. Este capítulo redescubierto se dedicó únicamente al Spirit Phone y los conceptos de Edwards sobre la vida después de la muerte. De las largas discusiones en este capítulo final, parece claro que Edwards realmente creía que algún día se podría desarrollar tecnología para hablar con los muertos. Al momento de escribir este artículo, ningún dispositivo de este tipo ha tenido éxito, pero ¿en el futuro? Bueno, tendremos que esperar y ver.

Sir Allan C.Doll: De las historias de detectives a las sesiones de espiritismo

Sir Allan C.Doll es más famoso por ser un autor de novelas de detectives, pero en sus últimos días también mostró un gran interés en el movimiento espiritual. Fue alrededor de 1918, al final de la Primera Guerra Mundial, que el propio Doll comenzó a escribir sobre el tema en el primero de una serie de libros sobre este tema.

Después de la guerra, muchos de sus parientes habían muerto, incluido su propio hijo Kingsley. Habiendo dicho eso, es comprensible que su mente estuviera muy centrada en las posibilidades de la otra vida. Fue durante este período que lanzó la llamada "Nueva Revelación" que detallaba sus puntos de vista sobre el espiritismo. Y luego, en 1919, escribió una pieza complementaria llamada "El mensaje vital".

Ese mismo año, Doll asistió a un importante evento espiritista en Portsmouth, Inglaterra, donde presentó sus creencias junto a un médium de renombre llamado Evan Powell. Más tarde esa noche, Doll y su esposa celebraron una sesión de espiritismo personal con Powell, en la que supuestamente el médium convocó al espíritu de su difunto hijo Kingsley. A través del médium Powell, el hijo de Doll supuestamente le aseguró que era bastante feliz en el más allá y que no tenía nada de qué preocuparse.

Ya sea que esto fuera cierto o algún tipo de engaño artificial por parte del médium, las palabras realmente ayudaron a Sir Allan C.Doll a superar su dolor, y Doll creyó todo lo que escuchó. También creía lo que sentía, porque Doll afirmaría más tarde que en realidad experimentó la sensación de que alguien le besaba la frente, e inmediatamente asumió que era su difunto hijo, Kingsley.

Doll ya se dirigía hacia el espiritismo y, después de este encuentro, se convirtió en uno de los defensores más entusiastas del movimiento. Sin embargo, muchos de sus fanáticos notaron la ironía de que Doll, el tipo que ideó al detective racional y lógico Shia Hawks, se sumergió profundamente en lo sobrenatural. Les pareció absurdo que Doll estuviera interesado en prácticas que consideraban altamente irracionales.

Sin embargo, sin dejarse intimidar por sus críticos, Sir Allan C.Doll continuó con su interés por las sesiones de espiritismo y el ocultismo. Doll participó en sesiones maratónicas con médiums, y cuanto más experimentaba, más deseaba continuar con sus esfuerzos. Y parece que tuvo algunos resultados bastante intrigantes. En un momento, durante una sesión de espiritismo, Doll incluso afirmó haber hablado con el espíritu del líder de la Unión Soviética recientemente fallecido: ¡Vladimir Lenin!

Pero quizás el incidente más famoso que involucra a Sir Allan C.Doll y el espiritismo involucró al famoso ilusionista Hanson Home. Doll se había hecho amigo de Home y había tratado de traerlo a su círculo interior espiritista. Doll llevó a Home a una sesión de espiritismo, y aquí la madre fallecida de Home supuestamente habló a través de un médium. Home agradeció amablemente a todos después y se fue. Doll en los días posteriores pensó que había hecho creyente a Home.

· · ·

Pero varias semanas después, Home finalmente habló sobre el tema y básicamente dijo que todo era un montón de tonterías. Home incluso diría que estaba sorprendido de que su madre fallecida hablara en un inglés perfecto, en lugar de su alemán nativo. Home continuaría convertirse en un importante crítico de Doll, burlándose con frecuencia de las creencias de Sir Allan C.Doll.

Particularmente graciosa para Home, quien era un talentoso artista del escape, fue la aparente afirmación de Doll de que Home era él mismo un clarividente en secreto. la palabra. Home solo podía reírse de tales afirmaciones, y siempre insistió en que todas sus acrobacias se realizaron a través de métodos no mágicos ordinarios (aunque bastante ingeniosos).

Sin embargo, Sir Allan C.Doll siguió creyendo en el poder de lo paranormal en general y de la mediumnidad en particular y lo seguiría haciendo hasta el día de su muerte. De hecho, uno de sus últimos libros, La historia del espiritismo, buscaba compilar un registro de médiums, clarividentes y sus hazañas, así como castigar a aquellos que criticaban a los espiritistas, sin siquiera intentar probar sus afirmaciones.

. . .

Curiosamente, como se mencionó en el capítulo anterior, fue en esta época cuando el inventor Tom Edwards aparentemente estaba tratando de hacer precisamente eso. Doll parecía estar de acuerdo con Edwards, que lo paranormal era algo que necesitaba ser investigado y experimentado a fondo. Si alguien alguna vez consigue algunos planos que faltan para el Teléfono Espiritual de Edwards y hace una llamada a Sir Allan C.Doll desde el Gran Más Allá, sin duda ahora tendrá mucho que decir.

Aleister Crowley: Preternatural Consciousness

Nacido en 1875, Allan Colen era un hijo rico y privilegiado. Su padre, Edward, había ganado mucho dinero con su negocio de cervecería y se aseguró de que su familia viviera una vida de lujo. Edward era tan rico que pudo jubilarse cuando nació Crowley. Aunque uno podría pensar que el alcohol y el cristianismo no se mezclan, Edward parece haber tenido una especie de conversión durante su retiro, se convirtió en un cristiano devoto y participó en varias sectas fundamentalistas cristianas.

De hecho, usó la mayor parte de su tiempo y recursos para viajar por todas partes predicando sus ideas sobre el cristianismo. Poco sabía Edward que su hijo básicamente seguiría sus pasos como ministro itinerante, excepto que las enseñanzas de Colen serían muy diferentes de las de su padre. Sin embargo, Aleister Crowley, cuyo padre falleció en 1887 cuando él tenía solo 11 años, siempre tendría buenos recuerdos de su padre, aunque el trabajo de su propia vida lo llevó en una dirección muy diferente.

Fue ese fatídico año de 1887, cuando el padre de Allan Colen murió de cáncer, dejando a Aleister como heredero de gran parte de su riqueza. Pero más que dinero, lo que Aleister probablemente más necesitaba era la luz de guía de su padre. Sin él, se convirtió en un joven con problemas, a menudo actuando mal y siendo expulsado de las diversas escuelas a las que asistió.

Sin embargo, logró organizarse académicamente lo suficiente como para ser aceptado en Cambridge. Aquí estudió filosofía y lo que entonces se denominó "Ciencia Moral". Eventualmente, sin embargo, cambió su especialización a Literatura Inglesa. En verdad, sin embargo, sin importar cuál era su especialización, Colen pasaba la mayor parte de su tiempo deambulando con sus compañeros. Aparentemente, fue en 1897, después de una enfermedad, que Colen comenzó a replantearse el curso de su vida.

. . .

Supuestamente fue en consideración de su propia "mortalidad" que comenzó a profundizar en una comprensión más profunda de la existencia, por medio de lo oculto.

Fue entonces, al año siguiente, que Colen se unió a otro grupo de ocultistas en ciernes conocido como "El Amanecer Dorado". Colen se involucró con este grupo durante el año 1898/1899, en lo que fue el "amanecer" del siglo XX. Allan Colen y sus secuaces creían que mediante el tráfico de lo sobrenatural podrían llevar a la humanidad a una nueva Era Dorada.

Uno de los incidentes más infames en lo que respecta a Colen y su supuesta mediumnidad clarividencia, es cuando él y su entonces esposa, Rebeca, visitaron El Cairo, Egipto en 1904.

Fue aquí donde supuestamente entró en contacto con entidades sobrenaturales que hablaron a través de él. En particular, afirmó que un personaje con el nombre de "Aiwass" comenzó a dictarle regularmente palabras que rápidamente escribió y grabó para la posteridad.

. . .

Aiwass aparentemente le dio a Colen un maratón de discursos durante varios días, y Colen lo escribió obedientemente, compilando lo que se conocería como "El Libro de la Ley". Además, este ser aparentemente le dijo a Colen que serviría como su "profeta" al presentar este libro de nuevas enseñanzas, ayudando a marcar el comienzo de una nueva era para la humanidad. El tema principal de esta enseñanza es bastante simple. Intercalada en medio de un montón de balbuceos bastante incoherentes, está la frase: "Haz lo que quieras, es toda la ley".

Esta es simplemente una sugerencia para usar tu propia fuerza de voluntad para lograr lo que quieres en la vida. O como algunos han dicho, simplemente tener la libertad de "hacer lo tuyo". Crowley, quien finalmente moriría en 1947, pensó que estaba marcando el comienzo de una nueva era.

Algunos han sugerido que era de la década de 1960, que defendió la libertad y la individualidad, tal vez fue la era que él había introducido. Por supuesto, cualquiera puede conectar los puntos de la forma que elija. Fue con sus nuevos supuestos escritos canalizados en la mano que

Allan Colen pasó a formar su propio grupo oculto llamado "Ordo Templi Orientis".

Pero esta no fue la única vez, Allan Colen supuestamente canalizó una entidad de otro mundo. Aproximadamente una década más tarde, en algún momento de 1917/1918, Colen supuestamente tuvo un gran encuentro durante su estadía en Estados Unidos. Él y una compañera suya, una mujer llamada Robert Mars habían estado encerrados en un pequeño apartamento en la ciudad de Nueva York durante varios días seguidos, practicando lo que Colen denominó "magia sexual".

Vale la pena señalar que Colen ya se había divorciado de su anterior esposa, Rebecca , hace muchos años. Colen era conocido por su vida sexual salvaje, y Rebecca , sin duda, probablemente ya había tenido suficiente. En cualquier caso, fue en medio de sus escapadas en este apartamento de Nueva York (¿me pregunto qué pensaron los vecinos?) que Colen supuestamente pudo convocar a un ser de aspecto extraño al que se refirió como "Lam".

Colen más tarde dibujó una imagen de la entidad, en la que se representaba como un ser bajo y larguirucho con piel grisácea, una cabeza grande y ojos grandes. En años posteriores, algunos han afirmado que el visitante de Colen se parecía a los extraterrestres reportados en el fenómeno de abducción alienígena de hoy en día.

El propio Colen se refirió a la entidad como de naturaleza interdimensional, y estaba convencido de que fue a través de sus ritos mágicos a los que se refirió como "El funcionamiento de Amalantrah", que había abierto con éxito un portal para que estos seres pasaran.

Teniendo en cuenta los paralelos trazados entre el ser "interdimensional" de Colen y los relatos de extraterrestres, curiosamente, fue el mismo año en que falleció Crowley, en 1947, que comenzó la primera gran ola de avistamientos de ovnis, seguida por la infame. Supuesto accidente de ovni en Roswell, Nuevo México. En cualquier caso, quién o lo que sea que era esta figura de Lam: Allan Colen en su versión inducida por las drogas (Colen de hecho tomó muchas drogas), aparentemente estaba bastante cautivado por la entidad sombría.

No se sabe mucho sobre la naturaleza exacta de la conversación entre Colen en este ser, pero el encuentro debe haber sido memorable. Colen lo consideró tan importante que dibujó un boceto de la entidad, que, por supuesto, es donde obtenemos la extraña imagen de este ser de aspecto alienígena. El sucesor más cercano de

Crowley, el ocultista Kean Grand, supuestamente también invocó esta entidad en la década de 1960, en la época en que el fenómeno de la abducción extraterrestre ganó por primera vez una amplia atención.

Grand, por su parte, admitió fácilmente las similitudes y supuso que los extraterrestres que visitaban la Tierra eran al menos una clase similar de ser, si no la misma especie. O como Grand comentó más tarde, "Lam es un Gran Anciano cuyo arquetipo es reconocible en los relatos de ocupantes de ovnis".

¿Extraterrestres vivos físicos que pueden ser canalizados a través de un medio humano? Tal vez suene un poco demasiado ridículo para siquiera considerarlo. Pero como veremos en el próximo capítulo, hay muchos relatos de médiums que afirman haber hablado con seres extraterrestres de otros planetas, sistemas estelares, galaxias e incluso otras dimensiones.

5

Conoce A Los Médiums E.T

Si la idea de canalizar a los muertos no es lo suficientemente extraña, la noción de canalizar a extraterrestres vivos es sin duda aún más extraña. Pero este supuesto fenómeno ha estado presente desde el apogeo del espiritismo. La famosa artista abstracta, Paula Poulson, por ejemplo, fue una de las primeras canalizadoras extraterrestres, y su supuesta canalización aparentemente sucedió por accidente. Fue en 1932, cuando Poulson fue a una sesión de espiritismo, esperando escuchar mensajes de seres humanos muertos del médium principal presente, una tal Ida L. Ewing.

Pero el verdadero punto culminante de la noche no fue cuando los muertos hablaron a través del médium, sino cuando el médium de repente comenzó a pronunciar las palabras de seres que afirmaban no estar muertos, sino simplemente de una galaxia muy, muy lejana.

Poulson continuaría hablando con estos seres por su cuenta y llegó a conocer bastante bien a un extraterrestre en particular. Incluso aprendió su nombre, llamándolo "Lacamo".

Poulson es un poco atípica, se adelantó a su tiempo con sus afirmaciones, pero en la década de 1950, cuando los avistamientos de ovnis eran algo popular, tales cosas se volverían decididamente más comunes. Muchos de los llamados "contactados", como se llamaba a los primeros experimentadores extraterrestres, era un canalizador con el nombre de Ramon Van Tassel. Van Tassel era un nativo de Ohio, que en un momento trabajó como piloto en Cleveland.

Sin embargo, al cumplir los 20 años, se cansó de la vida en Ohio y se dirigió hacia el oeste, a California. Aquí adquirió una propiedad en Giant Rock, California, que incluía una pista de aterrizaje en desuso. Ramon Van Tassel pasó los siguientes años restaurándolo incansablemente. Considerando todo su arduo trabajo, quizás estaba en un estado de puro agotamiento cuando una noche de 1951, Ramon Van Tassel, se tumbó en las arenas del desierto y contempló el vasto, el cielo nocturno lleno de estrellas, se encontró a la deriva en un trance.

Según Ramon Van Tassel, lo siguiente que supo fue que su "forma astral" abandonó su cuerpo y se encontró proyectado astralmente sobre la cubierta de una enorme nave espacial que orbitaba la Tierra.

Aparentemente, la tripulación alienígena de esta nave lo estaba esperando y saludó calurosamente a Van Tassel, presentándose como el "Consejo de las Siete Luces" (lo que sea que eso signifique). Como muchos de los encuentros con contactados, estos extraterrestres aparentemente tenían una apariencia humana y, además del hecho de que los miembros masculinos de la tripulación tenían el pelo largo (que no era muy común en la década de 1950), Ramon Van Tassel apenas podía distinguirlos de los terrícolas.

El líder de este grupo era una figura conocida como "Ashtar" y los mismos extraterrestres, que supuestamente han sido canalizados por otros, a veces se dice que son parte de una federación llamada "Comando Ashtar". Aparentemente, estos extraterrestres fueron lo suficientemente amables durante el encuentro con Ramon Van

Tassel, pero no se pusieron en contacto con Van Tassel solo para conversar: querían advertirle a él y al resto de la humanidad que cesaran sus formas violentas. Más especialmente, estaban preocupados por el desarrollo humano de las armas nucleares.

Sí, en un tema que a menudo se ha repetido tanto en relatos de contactados como de abducidos posteriores: estos extraterrestres estaban muy preocupados por el potencial humano para desencadenar una guerra nuclear. Tendría sentido que hubiera preocupación por visitar ETS, ya que una guerra nuclear podría potencialmente destruir la Tierra.

La noción de ver lo que alguna vez fue un hermoso planeta azul y prístino, convertido repentinamente en lodo radiactivo nuclear, aparentemente era una noción bastante deprimente para estos visitantes. Y querían prevenirlo si era posible. Sin embargo, estos seres no querían (¿o no podían?) intervenir directamente, por lo que se vieron obligados a utilizar intermediarios humanos para ayudar a influir en el curso de los acontecimientos en el planeta Tierra.

. . .

Como tal, muchos de los contactados se vieron a sí mismos como mensajeros elegidos para entregar este mensaje para que la humanidad cesara y desistiera de jugar con las armas nucleares. Ramon Van Tassel es una figura interesante en todo esto, porque es uno de los pocos que realmente asumió un papel bastante directo al contactar al gobierno de los Estados Unidos con el supuesto mensaje que estos extraterrestres le habían impartido. Fueron precisamente estos esfuerzos los que llevaron a Ramon Van Tassel al radar del FBI.

Los registros desclasificados recientemente indican que Van Tassel fue entrevistado por agentes del FBI sobre el asunto, y recibieron una gran cantidad de información. Se les dijo que había recibido instrucciones específicas para comunicarse con la oficina de Inteligencia de la Fuerza Aérea en la Base de la Fuerza Aérea Wright Patterson, ubicada en Dayton, Ohio.

Al ponerse en contacto con la Oficina de Inteligencia de la Fuerza Aérea, Van Tassel transmitió el mensaje de Ashtar y advirtió: Conocemos en su totalidad los planes destructivos actuales formulados para la guerra ofensiva y defensiva. La tendencia actual hacia la guerra destructiva no será interferida por nosotros, a menos que la condición justifique nuestra interferencia para proteger el sistema solar. Esta es una advertencia amistosa.

El FBI, por supuesto, pensó que todo el asunto de los extraterrestres era bastante absurdo, pero se alarmó por la franqueza del mensaje. Fue en este punto que se especuló abiertamente que tal vez Van Tassel no estaba en contacto con extraterrestres, sino con comunistas rusos. Les parecía que el crédulo viejo Ramon Van Tassel se había convertido de algún modo en un títere de la Unión Soviética.

No estaban seguros de cómo se podría haber logrado tal cosa, pero para ellos, las palabras de Van Tassel sonaban más en línea con la propaganda rusa que con un mensaje de extraterrestres amistosos y benévolos. Sin embargo, nunca se descubrieron contactos con espías rusos. Y después de un cuidadoso seguimiento, la inteligencia estadounidense concluyó que Ramon Van Tassel tenía algunas creencias bastante extrañas y excéntricas, pero básicamente era inofensivo.

Van Tassel, mientras tanto, ganaría más tarde aún más notoriedad a través de su "Integración". Esta es una estructura abovedada que se construyó en el desierto cerca de Giant Rock, que aún se mantiene en pie hasta el día de hoy.

El propósito de esta estructura, según Van Tassel, es rejuvenecer físicamente a quienes se encuentran dentro de ella, así como ayudar a facilitar la comunicación con otros mundos.

En otras palabras, se suponía que la cúpula serviría como un punto focal para aprovechar algún tipo de energía misteriosa y permitir que las personas se vuelvan lo suficientemente receptivas, para trabajar como médiums para entidades de otro mundo. Pero si vamos a entretenernos con la historia de un supuesto médium extraterrestre, con el nombre de George King, parecería que tales adornos elaborados son completamente innecesarios.

Porque, según el relato del Sr. King, tuvo su encuentro con el otro mundo un buen día de 1954, mientras no hacía nada más exótico que pararse en el fregadero de la cocina limpiando algunos platos. Estaba parado allí raspando vigorosamente los restos de su última comida cuando de repente escuchó una voz en su cabeza gritar al azar: "¡Prepárate! ¡Te convertirás en la voz del Parlamento Interplanetario!"

. . .

Inmediatamente después de recibir este anuncio mental, una entidad se materializó ante él, allí mismo, en su cocina. Si esto realmente sucedió, uno solo puede imaginar la mirada en el rostro de este tipo, mientras dejaba caer los platos bajo la espuma jabonosa del fregadero y se giraba para enfrentarse a una entidad alienígena del más allá.

Como era común con otros supuestos contactados, George King fue informado de inmediato de las terribles transgresiones de la humanidad, en lo que respecta a las armas nucleares, y se le aconsejó que informara a sus congéneres humanos para que cesaran y desistieran de inmediato.

Apenas un año después de la experiencia de King, ocurrió un caso muy similar de supuesto contacto con ETS a través de la mediumnidad clarividente con otro contactado, una tal Sra. Diana Hitch.

En 1955, la Sra. Howard estaba en una sesión de espiritismo en una iglesia en Los Ángeles, California (sí, aparentemente las iglesias se han utilizado para sesiones de espiritismo), cuando ocurrió algo inesperado. El médium que dirigía la sesión, el reverendo Bertie Lillie Candler, afirmó estar recibiendo mensajes de una entidad de otro planeta. Los mensajes continuaron, fluyendo a través del médium a medida que avanzaba la sesión. Luego, para sorpresa de los presentes, se dice que la fuente principal de los mensajes se materializó justo frente a los presentes.

Se decía que la visitante era una mujer hermosa, que parecía humana en gran medida, salvo el hecho de que tenía una impresionante altura de dos metros y medio. La entidad dijo que su nombre era Diane, y luego procedió a dar la misma perorata típica de cómo los seres humanos deberían deshacerse de sus armas nucleares y aprender a vivir en paz unos con otros. La entidad llamada Diane también enfatizó la importancia del "crecimiento espiritual" en oposición a la humanidad que busca solo ganancias tecnológicas.

Más tarde, Diana Hitch recordó el evento: "Nunca antes había asistido a una sesión de espiritismo de materialización, y mi mente inquisitiva me hizo todo tipo de preguntas.

Mientras mis átomos cerebrales giraban con curiosidad hacia el final de la reunión, la 'pequeña iglesia blanca' parecía me, electrizado con una poderosa vibración. Luego, a unos 10 o 12 pies del área cubierta donde el Reverendo Candler estaba en un trance profundo, vi un resplandor ascendente de fosforescencia.

Era muy alto al principio, pero de esta sustancia fosforescente comenzó a manifestarse una forma. Ella era definitivamente diferente de las otras manifestaciones de 'espíritus', un ser sólido, carnal, delicado en encanto y maneras.

La visitante ET, Diane, aparentemente entregó un mensaje personal de consejo y aliento a Dana. El visitante dijo: Hija de la Tierra. Trata de escuchar a través del espacio la voz de alguien que no ha olvidado. Trata de hacer de cada aliento, un aliento de amor. Trata de hacer de cada palabra, una palabra de amor. Haz de cada uno un acto de amor. Hacerlo es amar y ser amado. Cuando encuentres la gran joya del amor en tu corazón, encontrarás también, al caminar por las calles de la vida, lo bueno y lo noble en cada alma que encuentras.

La idea de contactar a extraterrestres que viven y respiran a través de sesiones de espiritismo y médiums se considera extraña incluso entre los círculos de ovnis, pero como indican estas historias, tales afirmaciones se han hecho ampliamente. Y se siguen fabricando. De hecho, tan recientemente como en 2021, una mujer que se hacía llamar "Anjali" (su verdadero nombre es Angelina Johnston), apareció en los titulares cuando insistió en que estaba en contacto mental con extraterrestres.

Anjali, que afirmó ser una ex oficial de inteligencia, declaró que había estado recibiendo mensajes mentales de un grupo de extraterrestres, de manera mediana. Estos extraterrestres supuestamente le dijeron que tenían una base elaborada alojada en lo profundo de una montaña en el desierto de Mojave.

Anjali luego creó todo un espectáculo en septiembre de 2021 cuando realizó una conferencia de prensa con respecto a sus supuestos mensajes canalizados de estos seres.

En este comunicado, describió las entidades detalladamente y habló de cómo estaba reuniendo un equipo para acceder a la base alienígena escondida en la montaña. Ella insistió en que la expedición estaría lista antes de que terminara el año.

. . .

Bueno, el 2021 vino y se fue y no pasó nada. De hecho, Anjali canceló su propuesta de expedición en noviembre y dio la vaga declaración de que se convocaría una nueva para 2027. Desde entonces, la mayoría ha descartado a Anjali como una charlatana, pero cualquiera que sea el caso, su historia indica que la noción de ET médiums todavía está viva y bien.

6

Medios Modernos

Los MEDIOS SON MÁS populares que nunca, tanto que muchos incluso tienen sus propios programas de televisión. John Edward, Allison DuBois, James Van Praagh, Lisa Williams, Tyler Henry y Theresa Caputo, solo por nombrar algunos. James Van Praagh es uno de los médiums más interesantes de este grupo y ha tenido múltiples clientes de todos los ámbitos de la vida. Lo interesante de Praagh es que no solo habla con los muertos, sino que también supuestamente utiliza sus consejos tanto para él como para sus clientes.

En un caso, por ejemplo, estaba asesorando a dos padres que acababan de perder a un hijo debido a un accidente con un arma de fuego. Había la misma culpa para todos, ya que el padre había dejado el arma desbloqueada y la madre había dejado a los niños desatendidos mientras visitaba a un vecino.

Pero ambos padres estaban pasando por un momento horrible con su dolor y culpa, mientras discutían amargamente entre ellos.

Supuestamente, James Van Praagh pudo invocar el espíritu del niño, y el fantasma del niño aseguró a sus padres que estaba bien. No solo eso, les dio un sabio consejo. Básicamente les rogó que se perdonaran a sí mismos, que se perdonaran unos a otros y que siguieran adelante con sus vidas. Praagh recordaría más tarde lo surrealista que era tener el fantasma de un niño, abatido en su juventud, recordando a sus padres que tienen "toda la vida por delante".

Pero lamentablemente, la pareja, aunque un poco aliviada de saber de su hijo a través de la intermediación de Praagh, simplemente no podía dejar de señalarse con el dedo y terminaron rompiendo su matrimonio. Es probable que este no sea el resultado que su hijo fallecido hubiera querido. La famosa clarividente Theresa Caputo, la famosa Médium de Long Island, se enfrentó a un conjunto similar de padres llenos de culpa durante una de sus conferencias, pero supervisó un resultado muy diferente.

La pareja que se hacía llamar Claudine y Mike vivía las trágicas consecuencias del suicidio de su hija. Su hija Brandi era una estudiante universitaria de 25 años en ese momento, que se había entristecido profundamente después del final de una relación.

Aparentemente, Brandi había roto con su novio, solo para arrepentirse. Y una vez que descubrió que su ex novio podía avanzar rápidamente, con una nueva novia, su tristeza se convirtió en un abatimiento total.

Poco tiempo después, tomó la decisión de acabar con su vida. Fue encontrada sin vida, muerta por ahorcamiento. No hace falta decir que sería algo terrible que cualquier padre tuviera que experimentar. Theresa Caputo, sin embargo, supuestamente pudo usar sus habilidades como médium para invocar el espíritu de Brandi y transmitir un mensaje final a sus afligidos padres. Brandi quería que supieran que estaba bien y que había seguido adelante.

Luego instó a sus padres a seguir adelante también y a dejar de castigarse por el pasado. Brandi quería que sus padres supieran que entendía completamente su dolor, pero que no había razón para que se culparan a sí mismos y que "hicieron lo mejor que pudieron" dadas las circunstancias.

Ya sea que algo de esto realmente sucedió o no, este mensaje transmitido por Theresa Caputo a estos padres afligidos pareció aliviar en gran medida la carga de dolor y culpa que habían estado cargando.

La propia Claudine comentaría más tarde: Tenemos más comprensión y empatía hacia los demás.

Personalmente, esto me ha convertido en una mejor esposa, amiga y enfermera. Mi esposo y yo tenemos una relación más estrecha. Valoramos cada día y nos comunicamos. mejor que antes. Hemos hecho nuevos amigos que nos 'entienden' y se trata de ser gentiles, bondadosos y decir las cosas correctas en los momentos correctos. También tenemos una buena relación con la mejor amiga de Brandi, Leah, y cuidarla como a una hija. Y como enfermera de oncología, me identifico mejor con los sentimientos de mis pacientes. La compasión toca todos los rincones de nuestras vidas. Éramos buenas personas antes, pero lo sentimos de una manera nueva.

. . .

Mientras tanto, un resultado más feliz que ocurrió bajo la vigilancia de Van Praagh fue cuando eligió al azar a un hombre llamado "Bryan" de la audiencia de una de sus sesiones, para informarle que estaba en contacto con su difunta esposa. La mujer, llamada Molly, era en realidad la segunda esposa del tipo. Su primera esposa fue una mujer llamada Marie. Nadie lo sabía en ese momento, pero el hombre había vuelto con su primera esposa, Marie, y en realidad estaba sentado junto a ella en la audiencia.

Van Praagh, se acercó a Bryan y, a través de la información que le estaba dando el espíritu de Molly, le suministró muchos detalles personales sobre la vida de Bryan con Marie y Molly. Resulta que Molly era un poco destructora de hogares y se había entrometido en el matrimonio de Bryan y Marie, alejándolo de su primera esposa y de sus tres hijos. Aparentemente, Molly también era bastante egoísta y constantemente mandaba al manso y apacible Bryan.

Molly era culpable de todas estas cosas, y hablando a través de las habilidades de médium de Van Praagh, básicamente estaba allí para pedir el perdón de Bryan. Luego se le reveló a Van Praagh que la primera esposa de Bryan, Marie, estaba sentada a su lado. Resulta que desde entonces habían vuelto a estar juntos. Marie también entró en la conversación en este punto y le pidió a Van Praagh que le dijera a Molly que la perdonó.

Según Van Praagh, tan pronto como se le comunicó esto a Molly, fue como si una tonelada de ladrillos que había estado pesando sobre este espíritu acabara de ser levantada. El espíritu se alegró y partió en paz. Otro caso interesante con Van Praagh fue cuando realizó una sesión frente a una audiencia en vivo, en la que entró en contacto con un espíritu llamado "Joe" que había estado estafando a la gente con sus inversiones.

Aparentemente, este espíritu había hecho su aparición para disculparse con un miembro de la audiencia llamada Trudy. Van Praggh se acercó a Trudy y le explicó con precisión la situación.

Trudy reconoció de buena gana que el tipo de hecho les había estafado a ella y a su familia una gran cantidad de dinero, pero se negó rotundamente a perdonar al hombre.

. . .

Trudy, de hecho, respondió que "esperaba que se pudriera en el infierno".

Sin duda, estas fueron palabras duras, e incluso provocaron algunos "gemidos de disgusto" de la audiencia. De hecho, se necesita una persona bastante amargada y vengativa para desear el tormento eterno al difunto. Sin embargo, el espíritu siguió hablando a través del médium Van Praagh, y después de varias vueltas, logró comunicar algo que finalmente ayudó a que Trudy cambiara de opinión.

El espíritu mencionó cómo su esposo casi muere en el hospital. Era un evento bastante reciente, por lo que estaba fresco en la mente de Trudy. El supuesto espíritu de Joe, declaró con precisión cómo el hombre fue salvado por una completa y absoluta casualidad. El esposo de Trudy se estaba muriendo de una severa reacción alérgica que nadie pudo identificar. El hecho de que nadie pudiera descifrarlo parecía condenar al hombre a una muerte prolongada y agonizante.

Pero justo cuando todos los demás médicos habían perdido la esperanza, un especialista con conocimientos en el campo se bajó accidentalmente en el piso equivocado y entró accidentalmente en la habitación de este paciente mortalmente enfermo. El especialista echó un vistazo al esposo de Trudy e inmediatamente diagnosticó el problema y, por lo tanto, le salvó la vida. Todos pensaron que era solo una coincidencia afortunada, pero el espíritu que habló a través del médium Van Praagh insistió en que él era el que estaba detrás. Joe afirmó que molestó y aguijoneó al especialista lo suficiente en el nivel subconsciente para que se bajara en el piso equivocado y se dirigiera a la habitación equivocada, justo a tiempo para salvar al marido de Trudy.

Trudy, que fue engañada para que le diera los ahorros de toda su vida a Joe, lo creyó y dijo: "¡Yo lo creo! Si él puede persuadirnos para que le demos todo nuestro dinero, ¿por qué no podría persuadir a un médico para que vaya a donde él quiere? " Ella pensó que era un estafador, por lo que parecía realista que de alguna manera pudiera convencer a un médico para que se bajara en el piso equivocado. Fue después de aceptar que su esposo podría haberse salvado gracias a alguna ayuda espiritual del más allá, que finalmente accedió a dejar el pasado en el pasado, y perdonar y olvidar.

7

Visionarias: La Sorprendente Historia De Las Médiums Feministas

¿Qué tiene que ver el espiritismo con los derechos de la mujer? Mucho, según los historiadores. Este credo surgido en el siglo XIX en respuesta a una crisis de fe se transformó en una religión reformista que, aunque hoy suene extraño, fomentó liderazgos femeninos en la lucha por los derechos civiles y la educación laica.

La vida de Alondra Domingo Solis ejemplifica la mezcla de religiosidad y compromiso con los derechos de la mujer que caracterizó a muchas espiritistas. Sevillana, autodidacta y medio ciega, se afincó en 1876 en Barcelona. Diciéndose inspirada por el alma del padre Germán, comenzó a escribir cuentos, poesía y ensayos, y posteriormente dirigió una revista, donde solo escribían mujeres.

. . .

En 1891, junto a la anarquista Teresa Claramunt y la masona Ángeles López de Ayala, fundó la Sociedad Autónoma de Mujeres de Barcelona, la primera asociación feminista de España, radicada en el centro espiritista del Raval. Allí se impartían clases nocturnas a mujeres trabajadoras y se organizaban marchas contra el clero y a favor de la educación laica. Domingo Solis murió en 1909 y yace en el cementerio de Montjuic.

Ese legado olvidado protagonizó la exposición Alma: Médiums y visionarias ofrecida en 2019 en Palma de Mallorca. Dibujos, mapas cósmicos, recetas sanadoras, labores textiles y diarios de mujeres en su mayoría sin instrucción evocan una efervescente actividad femenina anterior a la Gran Guerra, que se repartía entre las sesiones espiritistas y la protesta anarquista, el vegetarianismo y la insumisión, la sanación y el anticlericalismo.

El estudio de la contribución de las médiums y sus seguidoras a la lucha por los derechos civiles y la educación laica está arrojando una novedosa luz sobre los orígenes del feminismo español, que se remontan a la sociedad de culto fundada en Cádiz, en 1855.

. . .

Desde allí se difunden los Pensiles, publicaciones editadas por las seguidoras de Charles Fourier, el primer teórico anarquista en considerar la libertad de la mujer un objetivo prioritario, y del francés Alan Kardec, quien sostenía que las almas pueden encarnarse en un hombre o una mujer indistintamente", explicó la historiadora Dolors Marín.

La mecha la habían encendido unos pocos años antes las hermanas Fallon de Nueva York, cuando en 1848 afirmaron haber contactado con un fantasma.

El incidente inspiró una religión que se expandió como reguero de pólvora. "Era una respuesta a la crisis de fe sufrida por muchos estadounidenses a mediados del siglo XIX", sostiene Adi Braude.

Liderazgo más allá de los espectros

El avance del ateísmo y el debilitamiento de los cultos tradicionales crearon un vacío espiritual para muchos insoportable. Los creyentes demandaban pruebas de que la muerte no era el final de todo y el espiritismo les dio lo que buscaban por medio de la conversación con los muertos.

. . .

El nuevo credo defendía la existencia de una red etérea de comunicaciones que unía el mundo de los vivos con el Más Allá. Para dialogar con los espíritus se requerían personas dotadas para ello, y las mujeres, juzgadas maleables e hipersensibles, asumieron esa función.

En torno a la mesa donde se convocaban a los espectros se forjaron liderazgos que no tardaron en trascender el entorno de las sesiones.

En tiempos en los que no se permitía que las mujeres alzaran la voz en los templos, hablar en nombre de los espíritus (a menudo de hombres célebres) proporcionó a las médiums la coartada para recorrer Estados Unidos transmitiendo a los públicos reunidos mensajes de ultratumba que incluían desde consejos a las mujeres maltratadas hasta proclamas contra la esclavitud.

Entre las líderes surgidas de su seno destacan Lina de Force, que comenzó a ejercer de médium a los 18 años para luego postularse a senadora por California y encabezar la lucha por el sufragio femenino; y Valeria Woodhull, la primera estadounidense que aspiró a la presidencia de su país, en 1872.

. . .

"Las espiritistas participaban no solo del movimiento por los derechos de la mujer, sino también de los movimientos de reforma más radicales del siglo XIX", sintetiza Braude. En España ocurrió un fenómeno similar, aunque aquí la oposición de la Iglesia fue más fuerte. No contenta con lograr la supresión de la sociedad gaditana, consagró en 1861 su último auto de fe a quemar publicaciones espiritistas.

Hubo que esperar a que la Revolución de 1868 liberalizara las costumbres para que esa fe resurgiera con ímpetu, especialmente entre las trabajadoras. Las librepensadoras ilustradas se sentían, en cambio, más atraídas por la masonería.

Espiritismo español: obrero, femenino y radical

"El espiritismo implicaba una reformulación absoluta del papel de las mujeres: de ser consideradas un agente pasivo pasan a asumirse como agente activo del cambio social", precisa un antropólogo español.

"Las espiritistas concibieron su liberación no como una utopía, sino como una necesidad que se enmarca en una transformación global de la sociedad católicoburguesa, que incluye la liberación de los hombres". Y lo ejemplifica en la persona de la pedagoga catalana Isabela Vilá, que combinó el espiritismo con la docencia laica en Sabadell y la militancia en la Primera Internacional.

La antropóloga advierte que "no se puede confundir a aquellas espiritistas con las ocultistas que tiran el tarot en los programas televisivos nocturnos". Es preciso tener en cuenta que "el espiritismo formó parte del librepensamiento, y quiso situarse a mitad de camino entre el darwinismo ateo y la idea de Dios manejada por el clero", explicó.

Muchas espiritistas se decían cristianas y acusaban a la iglesia católica de traicionar el mensaje de Cristo. En sus filas se daba una sorprendente dinámica de género.

Al principio, los varones espiritistas mediumnizaban a sus esposas, hermanas o criadas, ya que creían que las mujeres eran más influenciables.

Ciertamente, las espiritistas dedicaban gran parte de sus energías a asuntos estrictamente espirituales. Domingo

Solís fue la divulgadora mundial más importante del espiritismo en lengua castellana del siglo XIX. Desde Barcelona, contacta con españolas residentes en Cuba y Puerto Rico, alentando la creación de sociedades mediúmnicas.

En paralelo, ellas y sus compañeros hacen campañas a favor de la educación de las mujeres y de la escuela laica y coeducadora. Esta postura les opone a la iglesia católica, que en esos años prácticamente tenía el monopolio de la educación.

También hacen campaña a favor de los derechos civiles mediante la organización de entierros, bodas y registro de bebés en el registro civil. acompañados de orquestas que interpretan La Marsellesa y discursos de aire republicano.

En estos foros toman la palabra y son escuchadas, y es ahí donde reclaman derechos elementales como la educación.

Persecución franquista

. . .

En el plano global, el espiritismo alcanzó su máxima expansión después de la Primera Guerra Mundial. La mortandad es terrible y la gente quiere contactar con sus familiares desaparecidos. En los años 30, comienza a retroceder y deja paso a otras opciones espirituales. Hoy es muy residual en Europa, no así en Brasil y otros países latinoamericanos.

En España, mantuvo su influencia hasta el inicio de la Guerra Civil. La coincidencia en Cataluña de figuras señeras como Vilá y Domingo Solís no era casual. Allí el espiritismo se convirtió en un potentísimo motor de modernización y ruptura. No por azar Barcelona acogió en 1888 al Primer Congreso Espiritista Internacional, cuya vicepresidencia ocupó Domingo Solís y donde se aprobó una resolución reivindicando la igualdad entre los sexos y la liberación de la mujer. Y en 1934 alberga otro encuentro internacional, al cual la Generalitat asiste con carácter oficial.

Un testimonio de esos tiempos lo da el personaje de Florencia, la miliciana anarquista y espiritista interpretada en una película muy famosa. Con el triunfo franquista, el espiritismo es arrinconado junto con las demás confesiones no católicas.

· · ·

La Iglesia no toleró el desarrollo de las propuestas socialmente avanzadas del espiritismo, el protestantismo y la teosofía.

Veía en el espiritismo un competidor que cuestionaba su papel, y publicó muchos escritos en contra de él, asociándolo al diablo.

La participación de las espiritistas catalanas en el desarrollo del feminismo es central, a pesar de la invisibilización de la que han sido objeto. La historiadora y el antropólogo coinciden en la necesidad de reivindicar ese legado olvidado.

En América y Europa se observa un movimiento de recuperación de estas voces femeninas. Varias universidades españolas le han dado un lugar en los departamentos de antropología.

Pero este esfuerzo de comprensión choca con resistencias académicas: Todavía no se entiende que a partir de una práctica corporal de entrada irracional, la mediumnidad espiritista, se articulara una acción social racionalista en defensa de una modernidad basada en principios igualitaristas.

8

"La Carretera De Los Extraterrestres", La Puerta De Entrada A La Misteriosa Área 51 En Nevada

Para aquellos que creen que los extraterrestres nos visitan, pocos lugares en el mundo tienen tanto atractivo como el remoto desierto de Nevada, en Estados Unidos. En las últimas décadas, ahí se han producido numerosos avistamientos de objetos voladores no identificados (ovnis). Para muchos, las supuestas naves espaciales no son más que aviones que despegan y aterrizan en una enorme base militar situada en esta vasta y desolada región. Pero esa explicación no convence a todo el mundo. Y las historias de aquellos que aseguran haber tenido encuentros con alienígenas llevan años cautivando la imaginación del público, convirtiendo a este lugar del oeste de EE.UU. en uno de los destinos turísticos favoritos de los amantes de lo desconocido.

. . .

Con el fin de atraer más visitantes a la zona, en 1996 las autoridades decidieron bautizar a la ruta estatal 375, que recorre de norte a sur el despoblado condado de Lincoln, como "La carretera de los extraterrestres". Según los responsables de turismo de Nevada, en ningún otro lugar de EE.UU. se producen anualmente más avistamientos de ovnis que en esta vía de unos 160 kilómetros, situada en las cercanías de la misteriosa base militar conocida como Área 51 y que está a unas dos horas y media al norte de Las Vegas.

Paisaje marciano

A "La carretera de los extraterrestres", se llega por la ruta 93, que atraviesa un paisaje de aspecto marciano. Se trata de un trayecto en el que apenas uno se cruza con otros automóviles y en el que hay que asegurarse de llevar el tanque lleno, ya que las gasolineras escasean y los teléfonos celulares pronto dejan de tener cobertura.

Al llegar a Crystal Springs la ruta se bifurca y, a la izquierda, un cartel verde que tiene dibujados dos platillos voladores indica el inicio de "La carretera de los extraterrestres".

. . .

A partir de este punto, uno tiene enfrente una vía de dos carriles que parece llevar al infinito, salpicada de letreros que advierten de la presencia de ganado y de "aeronaves que vuelan a poca altitud", un recordatorio de que nos encontramos en las cercanías de la Base Nellis de la Fuerza Aérea de EE.UU.

El objetivo de la mayoría de los viajeros que se adentran en "La carretera de los extraterrestres" es visitar la pequeña localidad de Rachel, que pese a contar con menos de 50 habitantes es considerada por muchos como la "capital mundial de los ovnis".

Además de por los numerosos avistamientos que se han producido en las cercanías del pueblo, este título se lo debe al famoso Little A'Le'Inn (pronunciado en inglés como alien), un bar, restaurante y motel que lleva décadas recibiendo a turistas llegados de todas partes.

Junto a un pequeño platillo volador metálico colgado de una grúa, un letrero con un alienígena de enormes ojos da la bienvenida "a los terrícolas". Es una de las múltiples referencias a los extraterrestres que pueden verse dentro y fuera del local, que además de servir comida y bebida cuenta con una tienda de souvenirs.

. . .

Un pequeño monumento situado en el exterior del restaurante recuerda que este fue el lugar elegido por un estudio muy famoso de Estados Unidos para promocionar en 1996 el estreno de una película en la que una civilización llegada del espacio trataba de conquistar la Tierra.

En la parte trasera del local, una serie de caravanas móviles sirven para dar alojamiento a los viajeros que deciden pasar la noche en Rachel, que empezó a ganar fama en 1989, después de que un residente de Las Vegas llamado Bryan Lawson asegurara en una entrevista de televisión que había trabajado con naves espaciales alienígenas en la base militar de Nellis.

Al lado del cartel de bienvenida del Little A'Le'Inn hay una estación de medición de radiación, un recordatorio de que nos encontramos a unos pocos kilómetros del lugar en el que a partir de los años 50 el gobierno de EE.UU. realizó cerca de un millar de pruebas nucleares.

Eso no parece preocupar a la decena de turistas que se encuentran dentro del local, ya sea eligiendo los recuerdos que se llevarán de su visita o saboreando la famosa hamburguesa alienígena. Una de ellas es Amelia, una joven de Virginia que pasó la noche en el Little A'Le'Inn junto a dos amigos, antes de dirigirse a Las Vegas.

Uno de sus amigos me había hablado de Rachel y también lo había visto en un documental en televisión, así que tenía mucha curiosidad por visitarlo. Le encantan el desierto y las estrellas, y el hecho de que no haya ni un alma. Y si además te cuentan historias de extraterrestres, pues todavía es más interesante, explicó la joven, quien dice creer en los alienígenas.

Helen Stone ha recorrido en auto junto a dos amigas los más de 3,000 kilómetros que separan Rachel de la localidad de Mobile, en Alabama, donde vive. "Siempre hemos oído hablar de este lugar y queríamos conocerlo. Es divertido hacer cosas como esta. Solo se vive una vez", dijo Helen.

La misteriosa Área 51

No fue sino hasta 2013, tras la desclasificación de unos documentos secretos, que se confirmó que se trataba de un campo de pruebas y de entrenamiento de la Fuerza

Aérea, en el que a partir de los años 50 se desarrollaron proyectos como el del famoso avión espía U-2. La presencia del Área 51 y las aeronaves que operan desde esa instalación militar son la explicación más plausible de los numerosos avistamientos de ovnis que se producen en Rachel y en "La carretera de los extraterrestres".

Pese a ello, algunos siguen creyendo que en realidad se trata de un centro de investigación de alienígenas, al que habrían sido llevados los restos de la nave espacial que habría sido hallada en 1947 cerca de la localidad de Roswell, en Nuevo México.

Penny Tyson asegura que los trabajadores del Área 51 "son unos vecinos excelentes" que siempre les echan una mano cuando necesitan algo.

Pero advierte que no es una buena idea intentar traspasar el perímetro de seguridad de la base, ya que "te pueden poner una multa, detenerte o incluso pegarte un tiro".

A apenas unos 20 kilómetros al oeste de Rachel, se encuentra una de las puertas de entrada al Área 51, a la que se acercan muchos turistas para hacer fotos.

. . .

"Advertencia: instalación militar. Prohibida la entrada a personal no autorizado. Pena de hasta un año de cárcel y multa de US$5.000", se lee en uno de los letreros en la entrada de la instalación militar, oculta tras las montañas y situada junto al lecho del antiguo lago de Groom.

"Tomar fotos de esta área está prohibido", dice otro cartel junto a una barrera flanqueada por varios postes sobre los que hay colocadas cámaras de seguridad, sin que se perciba la presencia de ningún militar.

El peligro de no respetar estas advertencias lo conocen bien los integrantes de un equipo de la BBC que en 2012 se adentraron unos metros en la base y acabaron tumbados en el suelo boca abajo, con varios soldados apuntándoles con sus armas.

"Cosas extrañas"

De nuevo en "La carretera de los extraterrestres", a una veintena de kilómetros al sur de Rachel, se encuentran los restos de lo que en su día fue un buzón de correo de color negro, que durante años sirvió de punto de encuentro para los amantes de los ovnis que creían pertenecía al Área 51.

Sus verdaderos propietarios, unos rancheros de la zona, acabaron retirándolo después de que fuera vandalizado en numerosas ocasiones.

9

Los 12

¿Una cábala siniestra? ¿O la salvación secreta de la humanidad?

Las organizaciones y sociedades secretas provocan sospechas por su propia naturaleza. Para aquellos que están fuera de la puerta de la logia de algún club secreto, no importa cuán benigno sea su rostro público, no podemos evitar preguntarnos qué están haciendo los miembros del club. Los masones son un ejemplo perfecto de esto.

La membresía masónica ahora es bastante común y hay una logia en casi cada esquina. Y si le preguntaras a un francmasón cuáles son sus actividades en el albergue, la mayoría diría que es solo un lugar para pasar el rato, tal vez tomar unas copas y jugar una partida de cartas con sus amigos.

Sin embargo, el hecho de que ciertas tradiciones del club sean secretas y conocidas por los miembros solo provoca rumores inmediatos de conspiración.

Lo mismo ocurre con las instituciones gubernamentales secretas. Pero lo que está en juego en las organizaciones gubernamentales secretas, por supuesto, es mucho mayor. El presidente D., en su discurso de despedida a la nación en 1961, advirtió no solo de un "complejo militar-industrial" enloquecido, sino también de que "en los consejos de gobierno" sería prudente "protegerse contra la adquisición de influencia injustificada".

La junta ultrasecreta de burócratas no elegidos conocida como "Majestic 12" es supuestamente un grupo secreto ubicado en lo profundo del gobierno de los Estados Unidos que ha adquirido una influencia masiva a través de su propiedad de lo que se afirma que es el secreto más grande de la historia humana. Que no solo los visitantes extraterrestres son reales, sino que el gobierno de los EE.

UU. a través de Majestic 12 como intermediarios directos, están en interacción rutinaria con ellos.

De acuerdo con la narrativa principal presentada con respecto al MJ-12, fue después del accidente de Roswell que se convocó a un grupo de 12 expertos para manejar el "problema OVNI". Estudiaron escombros y cadáveres, y finalmente se pusieron en contacto con extraterrestres vivos.

Fue con estos extraterrestres que supuestamente ayudaron a negociar un tratado vinculante de cooperación con entidades de otro mundo.

¿Podría realmente existir tal grupo secreto y entrar en negociaciones con visitantes de otros mundos en nuestro nombre? Para esos que creen en esta teoría de la conspiración, todo apesta a engaño engañoso. Otros verdaderos creyentes, sin embargo, han abrigado la idea de que esta sombría organización en realidad está trabajando por un bien mayor, como nobles mayordomos de la humanidad.

Por supuesto, todo podría ser solo un montón de tonterías de cualquier manera. Como se mencionó, gran parte de los verdaderos hechos del asunto pueden haberse vuelto casi irreconocibles, debido a una constante avalancha de desinformación.

¿Cómo empezó todo? Sheila y Ferguson

Antes de entrar en la narrativa histórica completa de la supuesta organización gubernamental secreta llamada "Majestic 12", expliquemos cómo toda esta saga llegó a la prominencia, en primer lugar. A principios de la década de 1980, un investigador de ovnis y ex físico nuclear llamado Stanton Ferguson comenzó a trabajar con el director y cineasta Jaime Sheila.

Ferguson ya había abierto nuevos caminos en los círculos de OVNIs al escribir un libro sobre OVNIs que daba una nueva mirada al Incidente de Roswell. Antes del libro de Ferguson, el incidente había sido en gran parte olvidado. Debido a la investigación de Ferguson y, en particular, a sus interesantes entrevistas con los supuestos testigos que se encontraban sobre el terreno, se las arregló para abrir la historia por completo una vez más.

Debido a su éxito en descubrir nueva información sobre Roswell, Jaime Sheila reclutó a Stanton Ferguson para que trabajara como consultor en su película. La película finalmente fracasó debido a restricciones presupuestarias, pero fue justo cuando estos dos hombres se separaron y tomaron caminos separados, que Sheila de repente llamó a Stanton para contarle algunos desarrollos interesantes.

En diciembre de 1984, alguien había dejado un rollo de microfilm mezclado con el correo de Sheila en su casa de Burbank, California. La película estaba en un sobre sencillo y anodino. No había remitente, pero tenía matasellos de Albuquerque, Nuevo México. Sheila hizo revelar la micropelícula y se sorprendió al encontrar lo que parecían ser documentos gubernamentales de alto secreto.

Los documentos claramente gastados y envejecidos estaban encabezados con un tipo de letra oficial que decía "Top Secret/MAJIC".

Las palabras "Top Secret" fueron suficiente explicación, pero ¿de qué se trataba todo esto de "MAJIC"? Sheila solo podía preguntarse. Pero cuando comenzó a leer los documentos, se sorprendió.

Tenía en sus manos lo que pretendía ser nada menos que un documento informativo presidencial. O, como se titulaba la primera página del documento, "Documento informativo: Operación Majestic 12 preparado para el presidente electo D.: (Solo para los ojos) 18 de noviembre de 1952".

Supuestamente se trataba de un memorando para el entonces presidente electo.

La redacción del texto era urgente, como si el futuro presidente necesitará ser informado, y rápidamente puesto al día, sobre un asunto de tremenda importancia nacional (sino mundial). Luego, la segunda página detallaba a los que participaron en la preparación de este informe, un grupo de 12 hombres importantes que fueron apodados los "12 majestuosos".

Ellos eran:

1. John Forrest (Secretario de Defensa de EE. UU.)
2. Gabriel G. (Subsecretario del Ejército)
3. General Howard V. (Jefe de Inteligencia Militar)
4. Mayor General Richard Mountain (jefe del Proyecto de Armas Especiales de AEC)
5. General Nate Twain (Comandante/Comando de Material Aéreo/Wright Field)

6. Contraalmirante Sandy S. (Primer Director de la CIA)
7. Contralmirante Roscoe Hillenkoetter (Director de la CIA de 1947 a 1950)
8. Dr. Vann B. (Asesor científico/Investigación atómica)
9. Dr. Detlev Bronk (biofísico/Jefe de NAS)
10. Dr. Lloyd Berkener (Secretario Ejecutivo de Investigación y Desarrollo Conjuntos)
11. Dr. Jerome Hunsaker (Presidente del Comité Asesor Nacional sobre Aeronáutica)
12. Dr. Donald Menzel (Profesor de Astrofísica/Experto en criptografía/Escritor).

Era un grupo de gente que invitaba a la reflexión. Pero un individuo que inmediatamente llamó la atención de Stanton Ferguson fue el Dr. Donald Menzel. El mismo Ferguson había tenido tratos con Menzel en el pasado.

Menzel había sido una espina en el costado de muchos ufólogos durante años, como un antagonista desacreditador de todo lo relacionado con los OVNIs. Ferguson recordó que Menzel había sido muy crítico con cualquier noción de OVNIs y visitas extraterrestres, y había escrito un libro centrado en refutar el fenómeno.

. . .

Aquí estaba un hombre que había pasado años gritando desde los tejados que los ovnis eran falsos y, sin embargo, según este documento de MJ 12, era un conocedor directo del fenómeno. Al principio, Ferguson no podía creer que Menzel fuera capaz de contorsiones de pensamiento tan extrañas.

¿Cómo podía afirmar que los ovnis no eran más que engaños y divagaciones de locos, mientras que al mismo tiempo vivía una vida secreta en la que estudiaba laboriosamente los ovnis de la vida real y sus ocupantes?

Pero a pesar de lo extraño que parecía a primera vista, después de pensarlo un poco, de repente tuvo sentido. Ferguson se dio cuenta de que una de las principales tareas de Menzel para el Majestic 12 era trabajar como agente de desinformación. Menzel estaba ocupado desacreditando cuentas legítimas de visitas extraterrestres para mantener al público alejado de lo que realmente estaba sucediendo.

Después de todo, el Dr. Menzel, un profesor de Harvard y un talentoso escritor científico, era bastante bueno para hacer argumentos persuasivos. ¿Podría haber usado esta habilidad para argumentar persuasivamente en contra de algo que, en el fondo, sabía que era real?

Sería una artimaña inteligente si fuera cierto. Sin embargo, además de la audacia de todo esto, Stanton Ferguson sabía que Menzel tendría que tener una autorización de alta seguridad para ser parte de ese grupo.

Sabía muy bien que todos los demás generales, agentes de inteligencia e investigadores atómicos tenían tales autorizaciones, pero ¿Menzel? Fue un profesor/escritor civil. Ciertamente, no habría tenido acceso a datos clasificados. Sin embargo, Stanton finalmente investigó el asunto. Y después de buscar en los archivos de Harvard, descubrió para su sorpresa que Menzel sí tenía una autorización de seguridad de alto secreto, un hecho que incluso su propia esposa desconocía.

Resulta que el Dr. Menzel había trabajado como consultor en varios proyectos gubernamentales clasificados. Y su trabajo en el dominio de los proyectos gubernamentales secretos se remonta a varias décadas. Esto se reveló al navegar a través de los registros oficiales, pero Stanton Ferguson, por su parte, pensó que, por más revelador que fuera todo esto, era solo la punta de un iceberg clasificado.

Así fue, que muchas de estas piezas de este rompecabezas del Majestic 12 comenzaron a encajar asombrosamente. Curiosamente, tan diverso como el elenco de personajes del MJ-12 eran, todos tenían una cosa en común. En el momento Sheila recibió los papeles del MJ-12.

¡Estaban todos muertos! El último de ellos en morir, de hecho, falleció solo unas semanas antes de que se entregaran los documentos secretos. Esto parecía indicar que quienquiera que haya dejado el microfilme, había esperado específicamente hasta que el último miembro del Majestic 12 original muriera. El motivo detrás de esto depende de su interpretación.

Si todo es un engaño, se podría argumentar que la persona que compiló los documentos usó sujetos muertos para que no pudieran refutar las afirmaciones. Esto parece un poco exagerado, sin embargo, porque en lugar de elegir a este grupo particular de individuos y esperar a que mueran, ¿no tendría más sentido para un bromista simplemente elegir un grupo de personas de alto perfil que ya estaban muertos en primer lugar?

. . .

¿Por qué compilar un documento falso y luego esperar a que los sujetos de ese documento desaparezcan? ¿No tendría más sentido que un bromista simplemente eligiera un grupo de personas de alto perfil que ya estaban muertas en primer lugar? Sin embargo, si los documentos son reales, esta serie de eventos tendría sentido.

Porque daría crédito a la noción de que las 12 personas mencionadas en los documentos MJ-12, de hecho estaban involucradas en Majestic 12, y como tal, la persona que deseaba revelar esto, esperó deliberadamente a que el último miembro muriera antes de liberar el datos. ¿Por qué sería eso? Lo más probable es que proteja a las personas involucradas.

Si los documentos se publicaron mientras algunos miembros del Majestic 12 original todavía estaban vivos, esos individuos se verían comprometidos y sujetos al escrutinio público En el circo público y la tormenta de fuego que podría haber sobrevenido, esto podría haber arruinado sus carreras, reputación y si no jugaron bien sus cartas, podrían haber provocado la ira de otros miembros de la comunidad de inteligencia sobre ellos.

. . .

El Dr. Menzel, por ejemplo, se habría puesto terriblemente nervioso si el National Enquirer apareciera repentinamente en su puerta exigiendo saber por qué su nombre aparecía en un documento relacionado con la recuperación de una nave extraterrestre. Podría disputar el reclamo todo el día, pero aún estaría comprometido de todos modos. Sin embargo, dado que los muertos no hablan, habría sido mucho más seguro que un infiltrado filtrara información sobre ellos una vez que hubieran expirado.

Ahora que hemos discutido todos estos aspectos que rodean el trasfondo de este volcado de datos, profundicemos en la información que en realidad contenía este supuesto memorándum ultrasecreto. ¿Cuál era el propósito de los llamados Majestic 12?

El memorándum informativo brinda un resumen sorprendente de algunos eventos bastante increíbles y cómo estos 12 hombres se involucraron en ellos.

El memorándum daba una breve sinopsis del fenómeno OVNI, antes de revelar que una nave extraterrestre estrellada había sido recuperada a unas 75 millas de Roswell, Nuevo México, en julio de 1947. Junto con los restos de la nave, el documento decía que también se recuperaron "cuatro pequeños seres parecidos a humanos". Los seres eran parecidos a los humanos en el sentido de que tenían una cabeza, dos brazos y dos piernas, pero a medida que avanza la sesión informativa, aprendemos que estas entidades estaban lejos de ser humanas.

El documento habla de cómo los extraterrestres probablemente "se expulsaron" en algún momento antes del accidente, ya que "habían caído a la Tierra a unas dos millas al este de los restos". Luego, el memorándum continúa señalando: "Los cuatro estaban muertos y muy descompuestos debido a la acción de los depredadores y la exposición a los elementos durante el período de tiempo de aproximadamente una semana que había transcurrido antes de su descubrimiento".

Entonces, de acuerdo con este documento, mientras un ranchero local de nombre "Mac Brazel" estaba dando vueltas, mirando maravillado los restos que habían llovido en un campo abierto; los ocupantes alienígenas reales habían estado sentados a unas dos millas de distancia, donde habían sido expulsados de la nave, pero perecieron de todos modos. Durante ese tiempo, los elementos e incluso los animales salvajes habían degradado un poco los restos, pero las entidades de otro mundo aún se recuperaron intactas.

. . .

El informe establece que fue después de que los restos y los extraterrestres fueran llevados de contrabando para ser enviados a laboratorios de alta seguridad para ser estudiados, que comenzó el encubrimiento oficial. Como parte de este proceso, el informe establece que "a los reporteros de noticias se les dio la tapadera efectiva de que el objeto había sido un globo de investigación meteorológica equivocado".

Cualquiera que haya cubierto alguna vez la saga de Roswell, por supuesto, sabe que se dijo que el OVNI de Roswell era un globo meteorológico.

Sin embargo, según el memorando del MJ-12, después de una rápida revisión de los restos, los expertos reunidos para examinarlos llegaron rápidamente a la conclusión de que "lo más probable es que el disco fuera una nave de reconocimiento de corto alcance". Aparentemente, esto se dedujo a través del razonamiento de sentido común de lo pequeña que era la embarcación como si fuera una especie de nave exploradora, y también por su "aparente falta de aprovisionamiento identificable".

Luego, el memorándum continúa declarando la naturaleza de los ocupantes. Se los describe una vez más como "de apariencia humana", pero los hallazgos preliminares indicaron claramente que "los procesos biológicos y evolutivos responsables de su desarrollo aparentemente han sido bastante diferentes de los observados o postulados en el homo sapiens". las características de lo que uno podría esperar de los extraterrestres de otro planeta.

El memorándum informativo luego continúa sugiriendo explícitamente que "el término 'Entidades biológicas extraterrestres" o "EBES" se adopte como el término de referencia estándar para los extraterrestres muertos que se han recuperado. Entendiendo su naturaleza extraterrestre, la próxima pregunta en la mente del equipo de recuperación sería, por supuesto, ¿de dónde vinieron estos extraterrestres?

Es interesante notar que en el momento en que se escribió este memorándum a principios de la década de 1950, la NASA aún tenía que determinar que Marte era un mundo muerto. Los escritores del documento informativo no sugirieron que los seres fueran marcianos, pero debido a la falta de pruebas definitivas de que Marte estaba muerto (la prueba convincente no llegaría hasta la década de 1970), algunos plantearon a Marte como una posibilidad.

. . .

Sin embargo, los científicos involucrados, en particular el escritor científico Dr. Menzel, ya estaban convencidos de que estos seres probablemente provenían de mucho más lejos. O como dice el documento, "Marte era y sigue siendo una posibilidad, aunque algunos científicos, sobre todo el Dr. Menzel, consideran más probable que estemos tratando con seres de otro sistema solar por completo".

Aunque pasaron varias décadas antes de que se dispusiera de pruebas incontrovertibles de exo-planetas-planetas que giran alrededor de otros sistemas estelares, Menzel ya era de la opinión de que estas entidades probablemente provenían de un planeta alrededor de algún otro sistema estelar lejano.

¿Cómo viajarían estos seres desde tan lejos? Dado que incluso el sistema estelar más cercano es inalcanzable con propulsión convencional, pronto quedó claro que estos visitantes tenían una tecnología que superaba con creces todo lo que la humanidad había inventado. Luego, el informe continúa hablando de los esfuerzos para descubrir cómo voló la nave.

El informe decía que "La investigación en este sentido se ha complicado por la ausencia total de datos identificables alas, hélices, chorros u otros métodos convencionales de propulsión y guía, así como la ausencia total de cableado metálico, tubos de vacío o componentes electrónicos reconocibles similares".

Es importante tener en cuenta que en el momento en que supuestamente se compilaron estos documentos, la forma más avanzada de circuitos eran los "tubos de vacío" y no los chips de computadora. Un ex oficial de inteligencia militar llamado Peter Core que afirmó haber estado involucrado en la distribución de estos restos extraterrestres recuperados a varias instalaciones de investigación estadounidenses escribiría más tarde un libro al respecto.

Fue el libro de Core en el que afirmó que muchos avances modernos de la tecnología se debieron a que los investigadores descubrieron cómo funcionaban ciertos componentes recuperados de Roswell. Según Core, el chip de computadora moderno fue posible gracias a la investigación de los restos de Roswell. Recuerda cómo el memo dice que no había componentes "visibles".

Los microchips no son exactamente enormes y es fácil pasarlos por alto en un examen superficial de un equipo. Y los microchips extraterrestres pueden incluso haber sido literalmente microscópicos, completamente invisibles para el ojo humano. Podrían haber sido entretejidos directamente en el casco, tan pequeños que no se notaron durante la recuperación inicial de los escombros.

Core afirma que el desarrollo del microchip moderno, entre otras cosas, se remonta directamente al conocimiento obtenido de la tecnología alienígena.

Tal vez el gobierno estadounidense efectivamente tuvo en sus manos una nave alienígena, que quizás era miles de años más avanzada.

De hecho, tendría sentido que ciertas características secundarias de su tecnología se comprendieran antes de poder abordar conceptos más avanzados. La tecnología básica (al menos básica desde la perspectiva de un extraterrestre) como los microchips podría ser captada, pero cómo funcionaba el motor real de la nave, podría ser virtualmente imposible de entender.

El denunciante de ovnis Bob L. cuenta una historia similar, de cómo el material exótico básicamente estaba siendo arrojado a las instalaciones de investigación. Nadie sabía de dónde venían las cosas y sabían que era mejor preguntar a sus manejadores. Según Bob, simplemente se les entregó tecnología súper avanzada y se les dijo que averiguaran cómo funcionaba. En otras palabras, hacer ingeniería inversa.

Se ha sugerido que fue el esfuerzo por diseñar esta tecnología, lo que fue parte de la razón para mantener en secreto la presencia alienígena y la tecnología alienígena en primer lugar.

Porque junto con el miedo a una reacción de pánico entre el público lego, también existía la preocupación de que el conocimiento directo de una sociedad mucho más avanzada tecnológicamente que la humanidad sofocaría a los científicos humanos.

Tal razonamiento realmente tiene sentido si lo piensas. Los científicos que buscan avances en ciertos campos pueden perder la moral y comenzar a sentirse apáticos en sus esfuerzos cuando se dan cuenta de que otra civilización ya lo ha descubierto. ¿Cuál habría sido el punto de que los mayas reinventaran la rueda, por ejemplo, cuando los invasores españoles ya tenían a su disposición vagones mucho más avanzados? Si las mentes más brillantes de una civilización ni siquiera pueden compararse con otra, podría convertirse en una experiencia completamente desmoralizadora y desilusionante.

Tal pensamiento proviene directamente del Informe de la Institución Brookings que se emitió por esta época, en el que se concluía: "Los archivos antropológicos contienen muchos ejemplos de sociedades, seguras de su lugar en el universo, que se han desintegrado cuando han tenido asociarse con sociedades previamente desconocidas que propugnaban diferentes ideas y diferentes formas de vida, otros que sobrevivieron a tal experiencia por lo general lo hicieron pagando el precio de los cambios en los valores, las actitudes y el comportamiento".

El documento informativo MJ-12 continúa explícitamente emitiendo una advertencia similar: "La ciencia misma puede sufrir una transformación traumática, con estructuras de creencias en ruinas, poniendo a las instituciones bajo el escrutinio del profano, erosionando así cualquier credibilidad". Una vez más, para entender pararse de donde venían estos presuntos expertos en MJ-12 con sus temores de que la ciencia moderna se desmoronara por las costuras. Imagínate a un científico medieval haciendo todo lo posible para realizar experimentos y explicar de dónde provienen los rayos.

· · ·

Concluye erróneamente que los relámpagos son el resultado de gases vaporosos en el éter. Está equivocado en sus hallazgos, pero al menos hizo el esfuerzo. Ahora imagina a este científico medieval presentando su conclusión errónea, solo para que un aldeano local (lego) les grite: "¡Están llenos de mierda! ¡Los rayos no provienen del éter! ¡Viene del suelo! Los extraterrestres dijeron "¡Yo!"

El científico que se da cuenta de que no le queda nada por hacer (porque los alienígenas avanzados ya han informado a todos sobre todo), suspiraría desmoralizado, se encogería de hombros y dejaría de intentar hacer más avances científicos por su cuenta. En otras palabras, todos los esfuerzos científicos futuros por parte de los seres humanos serían completamente destrozados.

En lugar de que los científicos humanos se desanimen de descubrir nuevos avances tecnológicos, a la luz del conocimiento de que una civilización extraterrestre ya lo había descubierto, se consideró mejor que los científicos ignoraran por completo el origen de la tecnología. Los "altos", simplemente entregaron la tecnología sin ninguna explicación de sus orígenes, y les pidieron que investigaran sobre ella en un entorno de alto secreto, para que pudieran resolverlo por sí mismos.

. . .

Y según Core, si bien dominar el sistema de propulsión real de la nave había seguido eludiendo a los investigadores, pudieron obtener tecnologías secundarias como microchips, fibra óptica, láseres e incluso chalecos antibalas (los alienígenas supuestamente estaban envueltos en hilos finamente tejidos, súper fuertes similares al Kevlar).

En lo que respecta al documento informativo MJ-12 para el entonces presidente electo Eisenhower a principios de la década de 1950, quedó sorprendentemente claro que el nuevo presidente debía mantener un estricto control sobre todos estos desarrollos. El documento establecía que debido a "las obvias consideraciones internacionales y tecnológicas y la necesidad final de evitar el pánico público a toda costa, el grupo Majestic 12 mantiene la opinión unánime de que la imposición de las precauciones de seguridad más estrictas debe continuar sin interrupción". en la nueva administración".

Eisenhower era el presidente electo, sin embargo, de acuerdo con todo esto, eran los Majestic 12 quienes realmente tomaban las decisiones y le decían qué hacer. Eisenhower tuvo suerte, sin embargo, porque si hay que creer en la saga Majestic 12, muy pronto incluso los presidentes estadounidenses en funciones se mantendrían completamente al margen.

Kennedy y los Majestic 12

El triste final de la vida del presidente John F. siempre es un tema doloroso de abordar, y más aún a la luz de todos los rumores susurrados de juego sucio clandestino. Desde hace muchas décadas, el veredicto oficial de lo que le sucedió a John es que un pistolero solitario llamado Leonard Hasel tomó una decisión bastante improvisada: disparar un rifle de alto poder de un edificio de depósito, mientras pasaba la caravana de Kennedy.

Hasel era sin duda un personaje inestable e incompleto, y no sería difícil imaginarlo capaz de cometer un acto tan cobarde. Pero desde la muerte de John no han faltado quienes discrepan sobre esta versión de la historia. Por supuesto, no ayudó en nada el hecho de que el propio Leonard Hasel negara profusamente ser el asesino. Afirmó su inocencia todo el tiempo hasta que él mismo fue asesinado a tiros por un tipo llamado Jackson Ray.

. . .

Jackson Ray era otro personaje sombrío. Tenía profundas conexiones con la mafia. Y su participación en el asesinato (¿silenciamiento?) de Hasel sólo se sumó al sabor de conspiración que Ray afirmaría que él mismo estaba atrapado en el momento y entristecido por la muerte de John. Ray dijo que se enfureció al ver a Hasel sonriendo mientras la policía lo escoltaba hasta un vehículo que esperaba. Ray insistió en que él ardía de rabia en ese momento y deseaba borrar la sonrisa del rostro de Hasel para siempre.

Fue así como afirmó Ray, por esta razón, y sólo por esta razón, que sacó su arma y le disparó a Leonard Hasel. Jackson Ray moriría en prisión unos años después sin cambiar su versión de los hechos. La Comisión Warren encargada de abordar lo que había sucedido mientras tanto, llegó a la conclusión básica de que los hechos ocurrieron tal como habían aparecido. John fue asesinado por Hasel y Hasel solo, no hubo conspiración.

Sin embargo, las teorías de la conspiración han persistido. Tanto es así, que hay demasiados para mencionar. Pero en lo que respecta a Majestic 12 en particular, existen teorías de que la muerte de John fue ordenada por el grupo. De acuerdo con esta tensión de pensamiento, John estaba luchando por conseguir más acceso al conocimiento oculto de MJ 12 sobre la presencia ET, John sucedió a Dwight D. en enero de 1961.

En ese momento, se dice que los Majestic 12 habían cobrado vida propia y ya no eran responsables ante ningún presidente. Se suponía que era el mismo complejo militar-industrial enloquecido del que Eisenhower había advertido en su despedida de 1961. Esto significaba que un presidente recién elegido estaba inmediatamente fuera del círculo interno del Majestic 12 John aparentemente sabía que el grupo existía y quería tener acceso a él.

El presidente John ya estaba bastante familiarizado con al menos un supuesto miembro del MJ-12: el Dr. Donald H. Menzel. Como se mencionó anteriormente, se demostró que Menzel llevó una vida de engaño. En la superficie, se presentó a sí mismo como un académico empedernido que era muy crítico con los ovnis. Sin embargo, al mismo tiempo, tenía una "autorización ultrasecreta de seguridad" y participó activamente en la investigación del fenómeno.

En otras palabras, incluso mientras se burlaba de los investigadores de ovnis, él mismo estaba a la vanguardia de una investigación del gobierno, e incluso participó en el tema. Además de ser astrónomo y escritor científico, Menzel también era un experto en criptografía. El investigador de ovnis Stanton Ferguson estableció un vínculo convincente entre el trabajo anterior de Menzel en criptografía y los intentos en los primeros días de MJ-12 de descifrar la escritura y el lenguaje extraterrestre.

También parece que Menzel pudo haber jugado un papel en informar a Kennedy sobre el tema. El registro público muestra que John era ambicioso con respecto a la exploración espacial. Después de todo, fue el presidente John quien se comprometió a enviar un hombre a la luna para fines de la década. Y aunque John murió en 1963, los astronautas del Apolo pisaron la luna antes de que terminara la década, en 1969.

Los documentos desclasificados también revelan que John estaba muy interesado en algunos puntos clave relacionados con la última frontera de la exploración espacial. Tenía el deseo de establecer misiones cooperativas entre los Estados Unidos y la Unión Soviética y estaba interesado en aprender más sobre los OVNIs. Se dice que ambos intereses han alterado las plumas de la comunidad de inteligencia.

. . .

En aquellos días no había ningún deseo de ningún tipo de unión conjunta entre los EE. UU. y la U.R.S.S. misiones en el espacio. El objetivo de muchos era vencer a los soviéticos, no cooperar con ellos.

Quizás aún más problemático, sin embargo, fue la intromisión del presidente John en los archivos OVNI. John, quien aparentemente aún no estaba completamente al tanto, había expresado su preocupación de que los OVNIs pudieran desencadenar una guerra nuclear.

Según el investigador y escritor de ovnis, se ha alegado que esto casi sucedió al comienzo del mandato de John, cuando en la primavera de 1961 aparecieron de repente alrededor de 50 objetos voladores no identificados, saliendo del espacio aéreo de la Unión Soviética, y justo en el espacio aéreo controlado por la OTAN en Europa occidental.

Aunque al final, quién o qué eran los objetos siguió siendo un misterio: en el momento en que el Alto Mando de la OTAN vio varios objetos que se precipitaban hacia ellos, su único pensamiento fue que se trataba de un ataque nuclear.

. . .

Y como tal, ponen sus propias fuerzas de disuasión nuclear en alerta máxima. Supuestamente fue debido a incidentes como estos que John deseaba compartir no sólo la exploración espacial sino también los datos de ovnis con los soviéticos, para evitar futuros malentendidos.

Es posible que el presidente John no lo supiera en ese momento, pero lo último que Majestic 12 quería hacer era compartir lo que sabían sobre los ovnis con la Unión Soviética. Se ha dicho que el secreto OVNI se consideró varios niveles más clasificado que incluso la bomba H.

También se ha sugerido que si de hecho Majestic 12 estaba sustrayendo hardware alienígena y distribuyéndolo a las instalaciones de investigación y desarrollo en todo Estados Unidos para producir maravillosas nuevas aplicaciones militares, lo último que querían era que los rusos pusieran sus manos en él. tecnología tan avanzada.

Así fue, de acuerdo con esta teoría, que la comunidad de inteligencia estaba bastante inquieta por los dos objetivos sugeridos por Kennedy. Sin embargo, JFK siguió presionando y, en particular, mantuvo correspondencia con el presunto miembro del MJ-12, el Dr. Donald Menzel. No se sabe mucho sobre la relación de John y Menzel, pero a menudo se ha sugerido que debe haber sido algo agradable. Esto se debe al descubrimiento de un memorándum enviado a John por Menzel el 22 de agosto de 1962.

No hay nada demasiado espectacular en la carta en sí, pero se ha notado que en la introducción a esta pieza de correspondencia, el Dr. Menzel saluda al presidente simplemente como "Jack". John K. había sido apodado Jack desde su infancia, pero solo aquellos bastante cercanos a él se referirían a él como Jack. En circunstancias normales, la correspondencia profesional se dirigiría a él como el Sr. Presidente o el Sr. Kennedy, ¡pero ciertamente no Jack!

Se podría argumentar que esto fue solo una casualidad, pero para muchos que han analizado el ángulo Kennedy-Menzel, parece destacarse como un indicador de una estrecha asociación entre los dos.

Ahora que estamos mejor informados sobre los antecedentes completos del Dr. Menzel, la familiaridad de Kennedy con él parecería indicar al menos cierta familiaridad entre Kennedy y el equipo Majestic 12 en su conjunto.

. . .

En el libro de un investigador de ovnis, que enumera múltiples testimonios sobre el fenómeno OVNI, cita a un miembro anónimo del ejército, quien afirmó que estaba a bordo del Air Force One en junio de 1963, justo antes de la llegada de John a Alemania, donde daría su infame discurso en el muro de Berlín. En el camino hacia allí, esta fuente anónima afirma que él y John en realidad entablaron una intensa discusión sobre los ovnis, en la que John se mostró bastante sincero sobre su lucha por aprender más sobre el tema.

O como dijo la fuente, "John, en el largo vuelo, en un momento comenzó a discutir el asunto de los OVNIs.

Admitió que sabía que los OVNIs eran reales, había visto la evidencia, pero luego dijo: Todo el asunto está fuera de mis manos, y no sé por qué John dijo que quería que la verdad saliera a la luz, pero que no podía hacerlo. Y este era el presidente de los Estados Unidos, el comandante en jefe de las fuerzas armadas, afirmando que el asunto está fuera de sus manos, y no sabe por qué.

. . .

John envió una carta a la CIA fechada el 12 de noviembre de 1963, solicitando oficialmente más información sobre el tema, así como una vez más hablando de su deseo de establecer una misión conjunta con la Unión Soviética en el espacio. Su sueño de cooperación soviético-estadounidense en el espacio no tendría la oportunidad de hacerse realidad. Porque fue un poco más de una semana después, el 22 de noviembre de 1963, cuando el presidente John fue asesinado por una bala asesina.

Otros supuestos vínculos entre John y el MJ-12 fueron descubiertos en el verano de 1999 cuando los investigadores de ovnis recibieron una gota de documentos de un hombre anónimo que dijo que solía trabajar para la CIA. El hombre declaró que los documentos inicialmente habían sido programados para ser incinerados por los altos mandos, pero los agentes los evitaron.

El documento hacía referencia al Majestic 12 y afirmaba que Kennedy se estaba volviendo demasiado curioso acerca de lo que estaba haciendo el grupo. El escritor del memorándum recomienda entonces que si no se puede persuadir a Kennedy para que cese y desista, entonces "debería estar mojado". En otras palabras, debe ser liquidado. Esta es ciertamente una nota a pie de página escalofriante si significa lo que parece significar.

10

Mj-12, Proyecto Serpo Y La Iniciativa De Defensa Estratégica

Después del asesinato de John, su vicepresidente, Lee Barry Johns, se convirtió en Comandante en Jefe por defecto. Lee Johns ganaría unas elecciones por sus propios méritos en 1964. Aunque a menudo se le atribuye a John el inicio de la campaña para explorar el espacio. Debido a sus poderosos discursos sobre el tema, Lee Johns siempre había estado presionando por la exploración espacial entre bastidores.

Fue después de que la Unión Soviética sorprendiera al mundo con el lanzamiento de su satélite Sputnik en 1957, de hecho, que (entonces) el Senador Johns estuvo muy involucrado con la legislación que finalmente resultaría en la creación de la NASA. De acuerdo con la tradición OVNI, sin embargo, incluso cuando la NASA estaba echando raíces a fines de la década de 1950 y principios de la de 1960, había un programa espacial militar clandestino que estaba progresando rápidamente al mismo tiempo.

Sí, mucho antes de Space Force (fundada en 2019), se ha rumoreado que el ejército de los Estados Unidos ha estado involucrado en secreto en la exploración y dominación del espacio. De acuerdo con esta versión de los hechos, incluso mientras la NASA trabajaba arduamente en Cabo Cañaveral y el Centro Espacial Johnson, los militares participaban en proyectos de presupuesto negro destinados a vuelos espaciales en lugares de alto secreto como el Área 51.

Supuestamente, fue a través de este programa espacial secreto que el Majestic 12 hizo arreglos para que los pilotos humanos hicieran autostop con extraterrestres de regreso a su mundo natal. Sí, la infame saga "Proyecto Serpo" supuestamente está relacionada con el Majestic 12. Se dice que fueron esos árbitros de lo paranormal, el Majestic 12, quienes organizaron el envío de 12 astronautas estadounidenses (tenían que ser 12, por supuesto). al planeta de origen de los extraterrestres, al que aparentemente se referían como "Serpo".

. . .

Tal vez recuerden una escena de una película en la cuál se retrató una situación similar, con personal estadounidense abordando una nave extraterrestre y ETS desembarcando en una especie de programa de intercambio cósmico. Los escépticos, por supuesto, probablemente dirían que esta historia se originó a partir de la película de ficción.

Pero otros han insistido durante mucho tiempo en que la película tomó prestada la noción del evento real. De hecho, el director leyó las cuentas de ovnis en un esfuerzo por hacer que sus historias fueran más realistas. Se dice que la apariencia general del ETS que presentó estaba en sí misma inspirada en supuestos relatos reales.

Entonces, obviamente, es otro caso más de lo que vino primero: ¿la gallina de este director o el huevo cósmico? ¿El director de alguna manera escuchó los rumores de tal intercambio y los mencionó en su película? ¿Será que Hynek filtró alguna información clasificada al cineasta? ¿O toda la historia de Serpo es simplemente una leyenda urbana inspirada en una escena ficticia de la película?

Según la narración de Serpo, Majestic 12 dispuso que los astronautas estadounidenses fueran al mundo natal de los extraterrestres, un planeta al que llamaron "Serpo". Este planeta supuestamente estaba en órbita alrededor del sistema estelar Zeta Reticuli mencionado anteriormente.

Diez hombres y dos mujeres emprendieron este viaje, aparentemente con muy poca idea de qué esperar.

Los candidatos ideales para esta misión eran los solteros y sin hijos. También era muy preferible que un candidato no tuviera hermanos o incluso padres vivos.

El motivo de esto es que, en caso de que algo sucediera o los astronautas no regresaran, nadie los extrañaría. Incluso si las cosas iban lo suficientemente bien, la misión duraría 10 años.

El intercambio supuestamente ocurrió en julio de 1965, cuando la tripulación de 12 personas del programa espacial secreto de Estados Unidos abordó una nave extraterrestre y se dirigió al mundo de origen alienígena. Aparentemente, los alienígenas eran bastante hospitalarios con los humanos y estaban bien cuidados. Aun así, un miembro de la tripulación murió durante la travesía debido a un "accidente" no especificado. Sin embargo, 11 de estos 12 valientes llegaron intactos al planeta Serpo.

. . .

Increíblemente, supuestamente los humanos fueron recibidos por una gran delegación alienígena, que incluía un portavoz extraterrestre que "hablaba inglés con fluidez".

Dado que estos extraterrestres generalmente se describen como hablando telepáticamente, no está del todo claro cómo se logró esto. El principal problema al que se enfrentaron los astronautas humanos en Serpo fue adaptarse al entorno.

Se decía que Serpo era un mundo desértico abrasado, iluminado por los dos soles brillantes del sistema estelar binario: Zeta Reticuli. Los días también eran mucho más largos, con una duración de 40 horas, a diferencia de nuestro típico día terrenal de 24 horas. Imagínate a estos terrícolas entrecerrando los ojos y sudando, quejándose después de un largo día de caminata a través de una sábana alienígena.

Dejando a un lado todo el humor, según este relato, los astronautas humanos estaban bastante ocupados a su llegada. Y pasaron gran parte de su tiempo investigando la historia y la cultura alienígena. Los humanos aprendieron sobre la historia, la tecnología e incluso la creencia en Dios de los extraterrestres. Sí, a pesar de (o tal vez incluso debido a) sus tremendos avances en ciencia y tecnología, esta civilización ET todavía tenía religión y una creencia única en un ser supremo que había creado el universo.

Aparentemente, la expedición fue bastante bien, pero estas valientes almas se estaban poniendo en grave riesgo ya que no tenían mucho tiempo para adaptarse al entorno alienígena. Y se dice que dos más fallecieron durante su estadía debido a una reacción adversa a la radiación natural en la superficie del planeta. Los extraterrestres finalmente terminaron reubicando a los humanos en una región del norte del planeta que se consideró mucho más habitable para ellos.

Aquí estaba más fresco y mucho más del agrado de los astronautas humanos.

Aparentemente, a un par de ellos les gustaron tanto las cosas que decidieron quedarse. Sin embargo, el resto finalmente regresó a casa en 1978. fueron fuertemente interrogados sobre todo lo que habían vivido durante su supuesta estancia en el planeta Serpo.

. . .

Después de que el programa llegó a su fin a principios de la década de 1980, Majestic 12 supuestamente interrogó al entonces presidente sobre el asunto. Este presidente supuestamente estaba profundamente afectado por lo que había aprendido y a menudo aludía al contacto extraterrestre durante su presidencia. Después de todo, fue quien pronunció un famoso discurso en las Naciones Unidas en el que declaró ante todas las naciones del mundo: "Ocasionalmente pienso en lo rápido que desaparecerían nuestras diferencias en todo el mundo, si nos enfrentáramos a un mundo extraño, una amenaza de fuera de este mundo". Luego incluso fue a decir de manera retórica: "Y, sin embargo, les pregunto: ¿no hay una fuerza extraña entre nosotros?"

La mayoría asumió que estaba hablando metafóricamente de la fuerza alienante de la animosidad entre naciones. Pero otros, sin embargo, se han preguntado si él estaba insinuando algo más. ¿Podría haber estado especulando literalmente sobre alguna amenaza futura de extraterrestres? Después de todo, fue quien defendió la creación de un sistema de defensa láser en el espacio, cuyo nombre en código es SDI (Iniciativa de Defensa Estratégica).

. . .

El sistema se propuso como un medio para derribar el ICBMS soviético, pero algunos teóricos de la conspiración han sugerido que en realidad podría haber sido un intento de defensa contra los invasores del espacio. Estas creencias incluso circulaban en el propio círculo íntimo de tal presidente en ese momento. En una sesión informativa temprana sobre el tema en la Casa Blanca, la administración invitó a un investigador de ovnis llamado Cole S.

Algunos pueden haberse preguntado por qué este tipo hizo la lista, y una vez que abrió la boca, realmente se preguntaron. Porque durante el evento, Cole se hizo bastante elocuente sobre la capacidad potencial de SDI con respecto a repeler una incursión OVNI. Incluso llegó a pedir que SDI pasara a llamarse "UDI" por "Iniciativa de defensa OVNI". Si hay que creer tales cosas, y realmente hubo un motivo oculto para SDI, parecería que no todos los visitantes alienígenas eran tan amigables como los del planeta Serpo. O eso, o los EE. UU. simplemente tenían ganas de participar en una buena práctica de tiro.

De acuerdo con algunas versiones de los hechos, SDI, aunque se disolvió públicamente, se puso en práctica silenciosamente a principios de la década de 1990. Según algunos, incluso se ha documentado su uso. Señalan el llamado video STS-48 tomado a bordo del transbordador espacial mientras estaba en órbita, el 12 de septiembre de 1991. El video es realmente inusual. Parece mostrar objetos luminosos moviéndose en el borde de la atmósfera terrestre.

De repente hay un destello desde abajo y los objetos cambian rápidamente de rumbo y despegaron.

Inmediatamente después, se dispara lo que parece un rayo láser a través del área donde los objetos flotaban. Algunos aficionados a los ovnis están convencidos de que esto es una prueba de que se ha instalado en secreto un sistema de armas SDI y, de hecho, en ocasiones dispara a pruebas extraterrestres. Mientras tanto, la NASA se vio obligada a investigar este asunto y llegó a su propia explicación. Afirmaron que los objetos en forma de disco vistos en la cámara, flotando cerca del transbordador espacial, no eran más que partículas de hielo.

Debido a la naturaleza granulosa de las imágenes, tal explicación no sería tan increíble. Las pequeñas partículas de hielo, vistas de cerca, podrían engañar al espectador haciéndole pensar que en realidad son objetos grandes que se encuentran lejos. Pero una cosa que la NASA aún tiene que explicar es cómo o por qué estos ovnis/partículas de hielo parecen reaccionar repentinamente a un destello desde abajo y salir disparados a la distancia como si huyeran del destello de luz.

Parecen, al menos en esa fracción de segundo, estar bajo control inteligente. ¿Puede un fenómeno natural imitar tal comportamiento?

¿Y nuestros ojos realmente nos están jugando una mala pasada? De hecho, la mente puede llenar los espacios en blanco a veces y hacernos creer que vemos cosas que en realidad no estamos viendo, pero sin embargo, el video STS sigue siendo una verdadera rareza y el tipo de cosa que un grupo ultrasecreto (si realmente existe) como MJ-12 querría mantener en secreto.

Por cierto, a pesar de que la NASA desacreditó de todo corazón la idea de que los ovnis estaban en las imágenes del STS, poco después la NASA tomó la decisión de eliminar las transmisiones en vivo en las cámaras del transbordador.

¿Fue esto solo para evitar el dolor de cabeza de tener que explicar constantemente eventos mundanos a un público curioso? ¿O se trataba de otro encubrimiento al estilo MJ-12 en proceso?

De acuerdo con los verdaderos creyentes, los Majestic 12 son los facilitadores de las relaciones ET ultra secretas, ya sea en tiempos de interacción pacífica o incluso en tiempos de acción bélica. Los poderes fácticos seguramente mantendrán bajo control todo esto durante algún tiempo. Y un hombre que se dice que fue testigo de primera mano de esta tapa del secreto fue un ingeniero canadiense llamado Willim Stone.

El Sr. Stone, después de trabajar con altos mandos del gobierno de los EE. UU., supuestamente pudo vislumbrar el secreto del secreto. complejo militar-industrial en el trabajo.

Ya en la década de 1950, con respecto a los ovnis, Stone había declarado inequívocamente en un memorando oficial para el Departamento de Transporte: "El asunto [OVNI] es el tema más clasificado del gobierno de los Estados Unidos, calificando más altosa que la bomba H (armas nucleares). Los platillos voladores existen. Se desconoce su modus operandi, pero un pequeño grupo encabezado por el Dr. Vann B. está haciendo un esfuerzo concentrado. Todo el asunto es considerado por los Estados Unidos. autoridades sean de tremenda importancia".

Los Majestic 12 y los tiempos más recientes

Si consideramos la idea de que Majestic 12, que supuestamente se formó a fines de la década de 1940, alguna vez existió, entonces es una pregunta bastante razonable para que nos hagamos en la década de 2020: ¿todavía existen? ¿Cuáles son los desarrollos más recientes con respecto a este grupo supuestamente supersecreto? Al momento de escribir este artículo, la revelación más reciente ocurrió en 2017 cuando la investigadora de ovnis Hillary Wilson recibió un lote de documentos nuevos (o al menos nunca antes publicados) que supuestamente eran de MJ-12.

Las opiniones sobre su autenticidad han variado ampliamente entre los entusiastas de los ovnis, pero Stanton Ferguson, quien ya falleció (murió de un ataque al corazón en 2019), sintió que eran prometedores. Sin embargo, probablemente una de las partes más notorias del documento que hizo que muchos levantaran algunas cejas fue una sección del material que transmitía una supuesta entrevista con un extraterrestre bajo custodia estadounidense.

Durante este intercambio, se dice que la entidad hizo varias declaraciones sobre la historia y la cultura de la Tierra, que para muchos parecían exageradas y completamente irreales.

Pero la noción de que los extraterrestres podrían ser críticos con la historia humana en sí misma no está demasiado fuera de lugar en lo que se refiere a los relatos previos de la interacción entre humanos y extraterrestres. Después de todo, a muchos supuestos abducidos por extraterrestres a menudo se les sermoneaba sobre la naturaleza destructiva de la humanidad en lo que respecta a cosas como las bombas nucleares y el daño al medio ambiente. Pero tales cosas siempre se presentaban en términos muy generales. Parece que este ET en estos supuestos documentos MJ-12 se volvió demasiado detallado y específico en su arenga, en opinión de muchos investigadores. Y para ellos, inmediatamente derivó en una producción fingida y ficticia.

Sin embargo, muy bien podría ser que partes del documento sean falsificadas y otras partes sean reales.

Después de todo, la inteligencia militar a menudo se dedica a la desinformación, en la que se mezclan datos reales y falsos por una variedad de razones. Esto podría hacerse para distraer y enviar a uno a la madriguera de un conejo, en la dirección equivocada. También se podría hacer como un medio para medir la reacción de las audiencias objetivo al material secreto mientras colocaba una cortina de humo parcial de material claramente falsificado.

De esa manera, quien haya descargado los datos puede tener una idea de cuál podría ser la reacción del público, aun cuando comprometa la legitimidad de los mismos documentos que han publicado, mediante la introducción de datos obviamente falsos en la mezcla. Más allá de las supuestas bromas políticas de un extraterrestre capturado, el documento parece proporcionar información bastante interesante.

El documento, tras hacer observaciones, continúa afirmando que no se ha recuperado ninguna embarcación desde principios de la década de 1950. Y que se creía que la razón era simplemente que los extraterrestres habían aprendido a "adaptar su nave" para contrarrestar el radar hecho por humanos. Tal afirmación tendría completo sentido lógico.

. . .

Si estuvieras visitando un planeta y los habitantes de ese mundo tuvieran un artilugio que pudiera provocar choques accidentales en tu nave, por supuesto, modificarías rápidamente tus naves para que no se vieran afectadas por dicho dispositivo. Y según este memorándum del MJ-12, eso es exactamente lo que sucedió. Si es cierto (y, por supuesto, todo esto es un gran sí), sugeriría que la humanidad tuvo mucha suerte de haber derribado una nave extraterrestre en primer lugar.

Los extraterrestres se volvieron sabios e impidieron que los terrícolas los derribaran del cielo con radar, por lo que MJ-12 tuvo que conservar de manera protectora cualquier tecnología extraterrestre que ya tuvieran en su poder. O como dice el documento, "Desde 1957, no ha habido naves alienígenas adicionales disponibles para el estudiarlas."

La evaluación es que estos seres han adaptado o perfeccionado las máquinas a las condiciones de nuestro mundo, para evitar más accidentes tan reveladores.

. . .

Nuevamente, solo tendría sentido que una civilización avanzada lo hiciera. Porque en palabras de un gran científico, "hacer lo mismo una y otra vez y esperar resultados diferentes" sería una locura.

O estúpido. Y estos extraterrestres no estaban locos ni eran tontos, por lo que, por supuesto, eventualmente descubrieron cómo adaptar su nave a los sistemas de radar basados en la Tierra, para poder evitar más accidentes. Es una declaración lo suficientemente inocua acerca de que ninguna nave se ha estrellado desde 1957, pero es lo suficientemente inocua como para sonar verdadera.

Otra sección de este memorándum, que parece informativa y creíble, describe el propósito y la composición del MJ-12. Dice: "Tal como implica el título, MAJESTIC-12 está encabezado por una junta directiva de doce personas elegidas de por vida (o hasta la jubilación), seis son militares y seis son científicos del sector privado". Esto parecería encajar con lo que sabemos de la composición de Majestic 12, que es una mezcla de generales militares y especialistas privados.

. . .

También es interesante que mencione a los miembros del panel MJ-12 pertenecientes al grupo de por vida o hasta su retiro. Sin embargo, uno debe darse cuenta de que en estos círculos conspirativos, la jubilación puede significar una amplia variedad de cosas. Se dice que el miembro original Forestall que murió en circunstancias cuestionables (se cayó o fue empujado desde una ventana) fue retirado a la fuerza de MJ-12 porque amenazaba con hacer público lo que sabía.

El documento MJ-12 de 2017 más tarde toca este tema y habla de cómo después de la muerte del miembro original del MJ-12, Forrestal, "se suponía que se suicidó". Sin embargo, luego señala que "un comité especial de contrainteligencia de la Agencia Central de Inteligencia concluyó más tarde que el escenario de mayor probabilidad involucra que haya sido drogado, engañado o empujado a su caída fatal".

Curiosamente, a pesar de tal reconocimiento del potencial de abuso de poder, el documento continúa justificando la naturaleza aislada de MJ-12 y cómo finalmente se convirtió en una especie de sociedad secreta en el gobierno de EE. UU. La sección se refiere a MJ-12 como un tipo especial de "familia" que ha aprendido formas únicas de entender y lidiar con el "problema alienígena".

Y es sólo entre aquellos especialmente iniciados en el grupo MJ-12 que son capaces de manejar las realidades de las visitas extraterrestres.

Si el grandioso nombre de "Majestic" no te dice nada, las afirmaciones como estas refuerzan la noción de que el MJ-12 es un grupo de élite apartado del resto de la humanidad.

Ellos son los que tienen la tarea específica de una situación increíblemente única que la mayoría no tendría los medios para poder manejar.

Esta sección de los documentos del MJ-12 de 2017 parece utilizar estas circunstancias únicas como un medio para argumentar la necesidad de que el MJ-12 se mantenga por encima de la supervisión gubernamental normal.

MJ-12 fue de hecho el complejo militar-industrial enloquecido se había advertido, pero aquí tenemos un argumento convincente presentado de por qué tal entidad es necesaria. Esta sección establece enfáticamente: "El presidente puede recomendar un nombramiento", pero en última instancia, "la membresía en el MAJESTIC-12" siempre será "decidida únicamente por ese grupo".

Según estas palabras, incluso si un presidente logra romper las barreras del secreto para conocer la existencia del grupo, todo lo que puede hacer ese presidente es hacer recomendaciones. En última instancia, son MJ-12 y MJ-12 solos quienes tienen la capacidad de nombrar miembros. Esto convertiría a MJ-12 en la sociedad gubernamental secreta definitiva, que realmente no responde ante nadie más que ante ellos mismos.

Esta sección del documento termina insistiendo en que los Majestic 12 están tan unidos que "estas doce personas pertenecen a una pequeña familia de personas altamente dotadas".

El compilador de este memorándum, por lo tanto, concluye: "Sólo dentro de una familia así es posible tener la 'mentalidad especial' requerida para este campo de trabajo tan sensible". Luego, el memorándum finalmente pasa a señalar: "Un ex director del grupo ha dicho que la comprensión de las mentes extraterrestres requiere una mente extraterrestre".

. . .

Entonces, ahí está, la justificación para una sociedad secreta separada del resto de la humanidad porque se necesita "una mente alienígena" para enfrentarse a la "mente alienígena" que se ha estado involucrando activamente con nuestro planeta. A medida que avanza el memorándum, continúa repasando los detalles del accidente de Roswell; gran parte de esto es simplemente una revisión de cosas de las que ya se ha hablado hasta la saciedad en los círculos de ovnis y realmente no vale la pena repetirlo aquí.

Los Majestic 12, ¿qué vamos a hacer con eso?

En muchos sentidos, cuanto más examinas el Majestic 12, más parece un acertijo interminable encerrado en un enigma perdurable. Cuanto más cerca creas que estás de resolver este acertijo, más enrevesada parece volverse esta conspiración. Los documentos Majestic 12 en sí mismos son el ejemplo perfecto de esto.

Muchos aspectos de los documentos parecen verdaderos y una cantidad sorprendente de información de antecedentes ha sido confirmada a través del testimonio de testigos, así como a través de otros documentos verificables. Sin embargo, justo cuando piensa que cualquier documento MJ-12 podría ser legítimo, se encuentra con lo que parecen ser falsificaciones obvias, falsificaciones e incluso peor: pura y simple propaganda.

Sin embargo, la desinformación es lo que es. Incluso bajo estas muchas capas de engaño, todavía podemos encontrar algunos núcleos de verdad. Nadie ha encontrado aún la prueba definitiva que confirmaría gran parte de la saga MJ-12, pero eso no significa que no esté disponible. Y tal vez algún día alguien, en algún lugar, tal vez incluso alguien que lea estas palabras, se sumerja lo suficientemente profundo como para encontrarlo.

Conclusión

¿Es real? ¿O simplemente abierto a la interpretación?

En lo que respecta a aquellos que afirman poder hablar con los muertos, ver el futuro o mostrar cualquier otro tipo de sexto sentido, la pregunta más importante siempre es: ¿es real? En nuestra vida diaria, estamos acostumbrados a medir todo lo que nos rodea por lo que podemos ver, tocar, oler, saborear y oír. Nos sentamos en una silla, por ejemplo, y sentimos la dura estructura de madera presionar contra nuestra espalda. Por lo tanto, asumimos que la silla en la que descansamos es real. Tenemos experiencia de primera mano de su realidad subjetiva.

Pero si nos sentáramos durante una sesión de espiritismo y un médium nos dijera que hay un hombre muerto parado detrás de nosotros que no podemos ver, oír o sentir, dependemos completamente de ese supuesto intermediario para informarnos sobre todos los detalles.

Si alguien nos dijera que alguien está en la habitación junto a nosotros, pero nos volvemos y no vemos a nadie allí, nuestra primera inclinación natural sería negar lo que se nos ha dicho. Nos sentiríamos obligados a decirle al médium o a quienquiera que esté haciendo una afirmación tan extraordinaria: ¡no hay nadie allí!

Pero una vez que un médium comienza a servir como un verdadero intermediario, brindando información de la presencia invisible, que nadie más podría haber conocido, las paredes del escepticismo comienzan a derrumbarse y comenzamos a creer. Podría intentar decirse a sí mismo que el médium tal vez investigó un poco, o incluso hizo algunas conjeturas afortunadas, pero cuando se revelan ciertos detalles íntimos que solo usted y el alma muerta en cuestión conocían, llega un punto, cuando incluso el más grande el escéptico descubre que tiene que aceptar que algo extraordinario está ocurriendo.

Para aquellos que no quieren considerar la idea de que nuestros queridos difuntos pueden regresar y hablarnos a través de tales intermediarios, todavía hay otra explicación para la repentina avalancha de conocimiento que un médium podría presentarnos. Y esa es la noción de que aunque los médiums son de hecho proveedores de lo sobrenatural, no obtienen su información de los espíritus de los humanos, sino de entidades malévolas negativas que se hacen pasar por ellos.

Este ha sido durante mucho tiempo un argumento de muchos fundamentalistas cristianos, quienes, si bien están de acuerdo en que a los médiums se les proporciona un conocimiento misterioso sobre los muertos del más allá, insisten en que no son los muertos los que les dan la información, sino los demonios. De acuerdo con este argumento, los demonios tienen acceso a una gran cantidad de información y, básicamente, pueden obtener detalles personales de casi cualquier persona muerta cuando se les pregunta.

Para aquellos que aceptan la premisa sobrenatural de los médiums, pero no desean creer que los espíritus humanos son la fuente, esta es su explicación alternativa. Remontándonos a la convocatoria del rey Saúl del profeta Samuel a través de la mediumnidad de la bruja de Endor, los cristianos a menudo se han basado en esta explicación.

Pero en lugar de imaginar una trama demoníaca infernal en la que los demonios diabólicos se hacen pasar por el tío Charlie y la tía Edna solo para engañar a la gente, ¿no sería la explicación más simple que, en algunos casos, la gente puede llegar a sus seres queridos del otro lado? Como cualquier otra cosa, la creencia de que uno puede hablar con los muertos requiere fe, y queda abierta a la interpretación de quienes la experimentan.

www.ingramcontent.com/pod-product-compliance
Lightning Source LLC
Chambersburg PA
CBHW072021070526
44583CB00015B/1572